KB148085

THE
OUTWARD
MINDSET

아웃워드 마인드셋

THE
OUTWARD
MINDSET

변화의 시작, 나를 넘어 바라보는 힘

아웃워드 마인드셋

아빈저연구소 지음 | 서상태 · 김신배 · 박진숙 옮김

Arbinger
Institute

Your life is your message ——— 아빈저연구소
한국창의적리더십센터
KOREA CREATIVE LEADERSHIP CENTER

아웃워드 마인드셋

초판 1쇄 발행일 2018년 12월 7일
초판 6쇄 발행일 2021년 7월 9일

지은이 아빈저연구소
옮긴이 서상태, 김신배, 박진숙
펴낸이 박희연
대표 박창흠

펴낸곳 트로이목마
출판신고 2015년 6월 29일 제315-2015-000044호
주소 서울시 강서구 양천로 344, B동 449호(마곡동, 대방디엠시티 1차)
전화번호 070-8724-0701
팩스번호 02-6005-9488
이메일 trojanhorsebook@gmail.com
페이스북 https://www.facebook.com/trojanhorsebook
네이버포스트 http://post.naver.com/spacy24
인쇄 · 제작 ㈜미래상상

한국어판 저작권 (c) 트로이목마, 2018
ISBN 979-11-87440-40-6 (13320)

"겸손해질 수 있다면
당신의 인생은 더 커질 수 있다."

- G. K. 체스터튼 -

당신 주변의 이런 사람들을 생각해보시기 바랍니다.

- 내가 인생에서 가장 좋아하는 세 사람
- 나에게 가장 긍정적인 영향을 준 두 사람
- 지금까지 만난 최고의 상사
- 내가 최선을 다하도록 감명을 준 사람
- 내가 가장 좋아하는 동료 세 사람
- 내가 가장 존경하는 사람

당신이 이들을 좋아하는 이유는 무엇일까요? 왜 당신은 그들에게 잘 응답해줬을까요? 그들을 위해 열심히 성심성의껏 일하고 존경한 이유는 무얼까요? 추측건대, 하나의 공통점이 있을 것 같습니다. '당신이 그들에게 중요한 사람이라고 느낀 것'이 바로 그것입니다.

그들이 당신을 인지하고 당신과 상호관계를 맺는 과정 속에서, 당신이 그들에게 가치있고 소중한 사람으로 여겨진다고 느낀 것입니다. 당신이 그들과 함께 있을 때 이렇게 느끼는 것은 그들에게 당신은 정말 소중한 사람이기 때문입니다. 이 책은 당신이 다른 사람들에게서 바라는 이러한 특성에 관한 이야기입니다. 이는 세상을 바라보는 방식으로, '아웃워드 마인드셋(Outward Mindset)'이라고 일컫는 방식입니다.

마인드셋이라는 용어는 개인의 근원적인 신념을 일컫는 데 종종 사용됩니다.

그러나, 개인과 조직의 발전을 위해 30년이 넘는 세월 동안 노력해온 경험을 돌이켜 볼 때, 변화의 핵심은 개인의 신념에 있는 것이 아니라, 다른 사람을 바라보는 방식, 다른 사람과의 관계나 자신의 의무에 대한 접근 방식에서의 근본적인 변화에 있습니다.

이 책에서는 자신에게 초점을 두는 인워드 마인드셋(Inward Mindset)과 타인을 포용하는 아웃워드 마인드셋 간의 차이를 보여줌으로써, 개인의 업무, 리더십, 그리고 일상생활을 보다 아웃워드 방식으로 전환할 수 있도록 합니다. 이러한 방식은 기업 내 팀과 조직이 보다 혁신적으로 변화하고 상호 협업할 수 있도록 만드는 데에도 훌륭한 툴(tool)이 될 것입니다. 더 나아가, 당신이 왜 어떠한 사람들을 좋아하는지, 당신 또한 타인에게 신뢰할 만한 사람이 되려면 어떻게 해야 하는지에 대해 배울 수 있습니다.

이 책은 단독으로 읽어도 좋지만, 이전에 '아빈저연구소(The Arbinger Institute)에서 출간한 《상자 밖에 있는 사람》, 《나를 자유롭게 하는 관계》와 같이 보셔도 좋습니다. 《아웃워드 마인드셋》은 마인드셋의 변화에 대한 최근의 연구를 반영한 책으로, 개인, 팀, 가정과 다양한 기업 조직에서 마인드셋의 변화를 이루어내기 위한 세부 방법론을 제시합니다.

이전에 발간된 책들이 실화를 바탕으로 꾸며낸 허구의 이야기를 소개한 것과 달리, 이 책은 각 장마다 우리 고객사의 실제 이야기를 바탕으로 구성했습니다. 익명성 보장이 필요한 경우는 이름과 세부사항을 일부 변경했습니다.

아웃워드 마인드셋을 개발하는 것은 자기 자신을 넘어 타인이나 세상을 바라볼 수 있는 능력을 배우는 것입니다. 이 책을 통해 독자들이 이러한 마인드셋의 변화를 실제로 체감하고, 궁극적으로는 아웃워드 마인드셋이 가져올 수 있는 불가능하다고 생각하는 수준의 결과물을 회사와 가정에서 성취할 수 있도록 하는 것이 이 책의 저자로서 우리는 독자 여러분께 진심으로 바라는 바입니다.

"GE^General Electric가 2013년부터 야심차게 시작한 디지털 혁신 역시 실패로 끝났다는 분석이 지배적이다. 디지털 전환은 기술이나 전략보다는 내부의 혁신 문화가 우선돼야 한다. 진정한 의미의 디지털 전환은 조직의 문화가 매우 중요하다." (디지털 데일리, 2018.7).

4차 산업 시대, 막연히 기술을 도입하고 장밋빛 기대를 하기보다는 '디지털 혁신이 가져온 조직에서 사람들은 어떤 방식으로 일하는 것이 가장 효과적이고 생산적이며, 상호간에 만족스러울까?'를 먼저 질문해야만 한다. 디지털 혁신은 목적과 목표를 명확하게 해야 한다는 경고가 많다. 더불어 조직에서 일하는 사람들에게 가장 중요한 혁신은 무엇이며, 기술 혁신과 함께 무엇부터 시작해야 하는가? 무엇이 가장 탁월한 결과를 가져오는가?

새로운 비즈니스 모델, 제품, 서비스 창출을 목적으로 디지털 역량을 활용해 고객 및 시장의 파괴적 변화에 적응하거나 이를 추진하는 지속적인 프로세스를 디지털 혁신이라고 하는데, 사실 디지털 인프라 그 자체보다 더욱더 중요한 본질은 '사람'이다.

조직에서 사람의 본질은 무엇인가? 혁신의 3요소를 기술, 비즈니스 그리고 사람이라고 한다면, 사람의 본질적 역할은 사람과 사람을 연결하는 사회적 관계성이다. IT 인터넷의 본질 또한 연결성이다. 서로 다른 지식과 경험을 가진 다양한 사람들의 창의적인 아이디어를 디지털 기술을 활용해 지식, 기술, 제품과 연계·융합하여 혁신적인 비즈니스로 구현하는 역량이 무엇보다 중요하다. 따라서 조직은 구성원들의 지식과 경험을 어떻게 연결하고, 활용하며, 새로운 아이디어를 받아들일 수 있느냐가 중요한 과제가 되었다. 그러므로 산업 간의 경계와 문화를 넘나드는 초연결성과 창의성이 우리 시대에 필요한 핵심 역량이고, 기술에 앞서 사람은 그 출발점이자 종착점이라 할 수 있다.

디지털 혁신으로의 전환은 생산성 개선, 즉 비용 절감과 시장 경쟁력 확대뿐만 아니라 개인과 조직이 보다 효과적으로 경쟁력을 확보하면서 새로운 비즈니스와 수익을 창출하는 기회를 만들어주는 수단을 제공한다. 하지만, 수단의 제공자와 수혜자는 모두 사람이다. 그러므로 수단을 제공하는 '디지털 함정에 빠지지 않고, 디지털 문화적 혁신을 어떻게 완성해야 하는가'의 문제는 조직의 본질적인 경쟁력이며, 그 해답을 찾는 것이 무엇보다 중요하다. 그 해답은, 자신을 넘어서 조직 전체를 보고(to see beyond ourselves) 생각하는 마인드셋 기반의 행동방식이다.

　이러한 마인드셋을 가진 리더와 조직 구성원들은 각자의 역할을 책임지고 수행하면서 자유롭게 혁신에 참여할 수 있는 구조를 만들고, 상호간에 성장을 지원하고, 경계를 넘어 협업한다. 또 리더는 불합리한 규칙이나 제도를 풀도록 개선하며, 수시로 목표를 확인하여 그에 따라 민첩하게 역할을 맡겨 문제와 이슈를 해결해나간다. 다시 말해서, 강력한 자율 경영 시스템으로 구성원들이 자신의 역할에 책임을 지도록 하되 상사는 리더로서 긍정적 역할을 발휘하여("위계질서의 진실The truth about Hierarchy". 〈MIT슬론 리뷰MIT Sloan Review〉, 2017), 조직 내 사람들이 자발적으로 성과에 책임감을 갖고 효과적으로 상호 작용하도록 일하는 방식을 지속해서 발전시켜 나간다. 이들은 '무엇을, 언제까지 할 것이며, 구체적인 성과 목표는 무엇인가?'를 생각하며 행동한다.

　이와 같은 사고방식과 행동방식은 한 조직의 문화가 되는데, 이는 우리의 오랜 전통적 관점의 심성론과도 상통한다. 즉 '널리 인간을 이롭게 한다'는 홍익인간의 철학이 내포하는 사고방식이자 마음가짐인 것이다.

　'나를 넘어 고객의 관점에서 필요를 충족'하는 넷플릭스Netflix의 성공 요인, 자포스Zappos의 성장기의 기업문화, 사우스웨스트 항공사Southwest Airlines의 고(高)성과 인간관계, 토요타Toyota의 인간존중 경영, JAL^{Japan Airlines}을 1년 만에 흑자 전환시킨 경영원리, 포드 자동차^{Ford Motor Company}의 회생, 한국의 주요 기업들의 가장 전성기 때의 사례 등, 이 모든 것의 공통분모는, 자신을 넘어 팀과 조직, 그리고 국가의 경제를 바라보는 아웃워드 마인드셋의 특성을 지니고 있다는 점이다.

김신배 전 SK그룹 부회장은 아웃워드 마인드셋에 대해 다음과 같이 말한다. "경영자로서 수많은 신규 사업 개발과 M&A, BPR, 식스 시그마 등 조직과 기업의 혁신을 직접 진두 지휘하면서, '모든 사업과 혁신의 성공은 조직문화로 승부를 걸지 않으면 성공하기 어렵다'는 교훈을 절감했다. 전략과 시스템, 핵심인재를 다 갖추어도 구성원들이 하나 되어 아이디어를 내고 조직의 성공을 위해 '우리 한번 해보자. 재미있겠네!' 하는 마음가짐, 즉 에너지가 조직 안에 충만해야만 성공할 수 있다. 이것이 아웃워드 마인드셋의 힘이라고 믿는다."

우리는 글로벌 기업과 한국의 주요 기업과 부문, 조직에서 리더와 조직 구성원들에게 널리 퍼져 있는 마인드셋을 아웃워드로 전환하도록 돕는 역할을 하면서, 실제로 성과 측면에서 기업들이 매우 만족스러워할 만큼 큰 변화를 이루도록 지원할 수 있었다.

이제 과학적 근거에 기반한 아웃워드 사고방식으로 우리 사회가 갈등과 불신을 극복하고 한국인의 창조적인 DNA가 크게 발휘되는 데 도움이 되길 바라며, 독자들께서 새로운 미래를 만들어가는 즐거움과 자부심을 갖게 되기를 기대한다.

"조직문화 변화는 구성원들에게 뿌리 깊게 자리 잡은 믿음, 인식, 감정의 총화인 근본적인 가정, 즉 마인드셋의 변화가 반드시 필요하다." (에드가 쉐인, MIT슬론경영대학원)

2018. 11

서상태, 김신배, 박진숙

Contents

PART 1

새로운 시대
새로운 방식

Chapter 1

차별화된 다른 접근법

검정색 경찰 밴 두 대가 미주리 주 캔자스시티의 와바시 애비뉴를 따라 구불구불 돌아 달려오고 있다. 차량 안에는 캔자스시티의 경찰특공대원들이 타고 있다. 이들은 마약 소지자들을 체포하는 고난도 임무를 수행하러 가는 중이다. 오늘만 벌써 다섯 번째 검거다. 영장이 발부된 사람들은 아주 위험하기 때문에 이 대원들에게는 예고 없이 문을 부수고 들어갈 수 있는 '긴급 가택수색권'이 주어졌다. 이들은 머리부터 발끝까지 검정색 옷을 입었고, 얼굴은 눈만 내놓은 채 모두 가렸다. 방탄 헬멧과 방탄복을 착용한 그들의 모습은 겁을 주기에 충분했다.

1910경찰특공대를 8년째 이끌고 있는 '찰스 칩 휴스' 고참 경사가 맨 앞에서 차를 운전했다. 그들의 목적지가 눈앞에 나타나자 점차 속도를 줄였고 대원들은 숨을 죽이며 신속하게 내렸다. 경관 세 명은 범죄자들이 도망갈 것을 대비해 주택 뒷문 쪽으로 달려가 대기했다. 팀 리더인 칩을 포함한 일곱 명 중 여섯 명은 총을 겨눈 채 앞문으로 달려갔고, 한 명은 벽을 부수는 망치로 문을 내리쳤다.

"경찰이다. 모두 엎드려!" 그들이 소리쳤다. 집안은 난리법석이었다. 사람들이 방에서 앞다투어 나오려 했고, 어떤 이들은 계단으로, 복도로, 밀치며 달려갔다. 어린아이들은 그 자리에서 마비된 듯 서서 소리를 질렀다. 몇몇 여성들은 겁에 질려 바닥에 움츠렸고, 어떤 이들은 숨이 차도록 우는 아기들을 끌어안았다. 그야말로 혼란의 도가니였다.

그때 두 명의 용의자가 무기를 들려 했지만, 경찰에게 빼앗겼다. "꿈도 꾸지 마!" 경관들이 그들 뒤에서 팔을 끌어당겨 수갑을 채우며 소리쳤다.

곳곳에 어린아이들까지 바글거려 이 주택은 그 어느 때보다도 정신없어 보였지만, 5분이 채 지나기 전, 용의자 두 명은 거실 바닥에 엎드려 있었고, 특공대원들은 나머지 사람들도 모두 거실로 모았다. 안전이 확보되자 가택수색이 시작되었다. 작업은 용의주도하고 정확하게 진행되었다. 팀 리더인 칩은 선두 척후병 밥 에반스가 방을 떠나는 것을 보고, 그가 단순히 수색하는 것을 도우러 가는 것으로 생각했다.

잠시 후, 칩이 복도를 걸어 내려가며 주방을 지나가고 있는데 밥이 부엌 싱크대 앞에 서 있었다. 몇 분 전까지 밥은 부엌에서 흰색 가루를 찾으려고 찬장을 샅샅이 뒤지고 있었다. 그들이 체포한 사람들이 밀수한 증거물을 찾는 게 아니라 훨씬 더 긴급하고 중요한 흰색 가루를 찾고 있었다. 바로 분유를 찾고 있었던 것이다. 아기들이 울고 있고 엄마들은 어찌할 바를 모르고 있는 상태에서 칩의 건장한 대원들 중에서도 가장 상남자 같은 이 사람이 그들을 도울 방법을 찾고 있었던 것이다. 밥이 마침 분유를 타고 있을 때 칩이 그를 보았다.

밥은 칩과 마주치고는 어깨를 들썩이면서 미소를 지었다. 그리고는 분유병을 우는 아기들의 엄마에게 나눠주기 시작했다. 칩은 이 일로 인해 몹시 기뻤다. 칩은 분유를 탈 생각은 못 했지만, 밥이 무슨 의도로 그 일을 했는지 확실히 이해할 수 있었기 때문이다.

이러한 행위 하나가 전체 상황을 바꿨다. 모든 사람은 흥분이 가라앉고 진정되기 시작했다. 칩과 대원들이 상황을 상세히 설명할 수 있었고, 그 후 두 명의 용의자를 형사에게 넘겼다. 실제로, 수색 작업 중 분유 타기는 대다수 사람들, 특히, 특공대원들에게 있어 전혀 일반적이거나 예상 가능한 일이 아니다. 1910특공대 안에서도 불과 몇 년 전만 해도 매우 비이성적이라고 치부될 법한 일이다. 그러나 이제 칩의 팀에서 이와 같은 행동은 지극히 일상적인 모습이 되었다.

물론 과거에는 이렇지 못했다. 1910특공대의 놀랄만한 변화 (transformation)를 이해하기 위해 팀 리더인 칩이 캔자스경찰청에서 근무하던 시절로 잠시 돌아가보자.

칩은 1970년생이다. 아동학대로 체포된 적이 있는 알코올 중독자 아버지와 조울증과 정신분열증을 앓는 어머니 밑에서 태어났다. 아버지가 집에 같이 있었을 땐, 그의 가족은 법망을 피해 남부 여러 주를 전전하며 살았다. 아버지가 떠나자 온 가족은 차 안에서 생활하면서 생존을 위해 재활용품을 수거하면서 지냈다.

어느 날, 아버지가 돌아왔고, 상황이 달라질 거라고 약속했지만 가족에 대한 아버지의 학대는 더욱 심해졌다. 당시 열 살이던 칩은 아버지에게 반항했고, 이를 본 어머니는 결국 누군가에게 연락하려고 수화기를 들었다. 그는 아버지가 가장 두려워한 사람으로, 전직 특수부대 대원이던 외삼촌이었다. 외삼촌은 가족을 아버지로부터 떼어 놓았다. "내가 여기 온 것은 누나와 조카들을 데리고 가기 위해서야. 의자에서 일어나는 순간이 당신의 최후가 될 줄 알아!" 외삼촌이 말했다. 이것이 칩이 아버지를 마지막으로 본 순간이다.

칩의 아버지는 경찰을 혐오했는데, 그래서 칩은 경찰이 되었다. 그는 1992년 캔자스경찰청에 합류했다. 3년간 순찰대원으로 근무하고 나서 특수팀으로 옮겼다. 4년 후에는 경찰교육원 강사로 역할을 했다. 2004년에는 특공대 팀 리더로 승진했다. 경찰청장은 경찰조사계의 가장 강력한 임무를 수행하던 1910팀과 1920팀이 통제

불능이라 판단했고, 칩에게 해결사 역할을 맡겼다.

스스로는 아마 인지하지 못했겠지만, 당시 칩은 그러한 팀의 상황을 바꿀 수 있는 사람이라기보다는 오히려 기존 방식대로 팀을 끌고 가는 데 적합한 리더였다. 그는 팀원들에게 자신이 최고임을 각인시키고, 필요하면 팀원들을 압도하는 일을 예사로 했다. 위협을 느끼면 즉각 폭력으로 응징했고, 팀원들이 얌전히 가만있어도 불안정한 모습이었다. 팀원들은 그를 따를 수밖에 없었다.

공적인 장소에서 외부의 일반 사람들을 대하는 태도는 문제가 더욱 심각했다. 세상에는 나쁜 인간이 분명히 있다고 믿었고(이는 어린 시절 본인 아버지 밑에서 자란 영향일 것이다), 그들이 지은 죄를 후회하게 해야 한다고 믿었다. 그의 팀에서는 체포할 때 상대를 늘 심하게 다뤘다. 집안이나 애완동물 따위 역시 안중에 없었다. 집안 물건에 씹던 담배를 뱉거나 애완견 두개골에 총을 겨누어 자칫 위험을 야기할 수 있는 상황을 촉발하기도 했다.

칩이 이끄는 팀은 캔자스경찰청 안에서도 시민들의 불만 건수가 가장 많은 팀이었다. 특공대는 일반 경찰에 비해 무력행사가 높은 편이라 어느 정도 예견될 수 있는 사항이긴 하다. 하지만 문제는 도가 지나치다는 데 있었다. 시민들의 불만은 심각한 수준이었고, 이에 따른 소송으로 경찰청의 피로도가 증가했다. 칩은 문제를 직시하지 못했다. 칩은 사건에 대처하는 방식에는 오로지 한 가지 방법만이 존재한다고 믿었다. 심지어 자신이나 팀에 대한 불만이 증폭

될수록 자신들이 올바른 일을 하고 있다는 증거가 늘어나는 것뿐이라고 생각했다.

특공부대를 맡은 지 몇 년이 지난 후, 칩은 잭 콜웰이라는 캔자스 시티 경찰청의 경관 한 명을 만나게 되었고, 그는 칩이 자신의 모습을 들여다볼 수 있도록 도움을 주었다. 칩은 잭을 통해서 진실과 맞닥뜨릴 수 있는 계기를 갖게 되었고, 그 진실은 칩을 충격에 빠뜨렸다. 자신이 과연 어떤 사람이 되어 있는지, 그리고 자신의 태도나 방법이 실제로는 일을 어떻게 비효율적으로 만들고 자신의 팀을 위험에 빠뜨릴 수 있는지 깨닫게 되면서 매우 놀랐다.

사실 이때는 칩이 열다섯 살짜리 아들과 갈등을 겪고 있던 시기이기도 했다. 그는 아들을 학교에서 집으로 데려다주며 아들의 마음이 편치 않다는 것을 눈치채고 연이어 질문했지만, 아들은 묵묵부답이었다. "무슨 일인지 왜 아빠한테 얘기하지 않는 거니?" 칩이 물었다. "아빠는 이해 못 해요." 아들이 대답했다. "왜?" 칩은 또 물었다. 그러자 아들이 대답했다. "아빠는 로봇이잖아요."

아들의 이 대답을 들은 것이 아마도 칩으로 하여금 잭 콜웰이 자신에게 말하려고 했던 것에 귀를 기울이게 한 계기가 된 것 같다.

칩은 큰 충격에 빠졌다. 자신이 도대체 어떤 인간이 되어버린 것인지 생각하기 시작했다. 범죄와의 전쟁이 필요한 세상에서 중대한 미션에서 살아남고 성공하려면, 타인에 대한 의심과 공격이 필수불가결하다고 생각했다. 하지만 정작 자신이 그런 세상을 멈추게 하는 것이 아니라 오히려 더 악화시켜 왔다는 것을 깨닫기 시작한 것이다.

이때부터 칩은 변화의 여정을 시작했다. 그의 노력은 그 부대 내에서도 완전히 변화를 일으켰다. 이 부대에는 물리적인 힘을 남용한 과잉진압에 관해 한 달에 두세 번은 불만 신고가 들어왔다. 통상적으로 불만을 처리하는 데는 건당 7만 달러(약 7,000만 원)의 비용이 든다. 그러나 팀 전체가 새로운 방식으로 일하기 시작하면서 6년 동안 단 한 건의 불만도 접수되지 않았다.

이제 용의자 집을 쑥대밭으로 만들어 놓거나 개를 향해 총구를 겨누는 일은 거의 없어졌다. 오히려 그들은 맹견 훈련사를 고용해 위험 가능성이 있는 개를 어떻게 다루어야 할지에 대해 배웠다. 절대 담배를 아무 데나 버리지도 않는다. 칩은 대원들에게 "우리가 가택수색 중 씹는 담배가 작전에 도움이 되지 않는다면, 앞으로는 아무도 담배를 피우지 않는 것으로 한다."고 말했다. 물론 아기 분유를 탈 준비는 언제나 되어 있었다.

이렇게 변화되자 용의자와 지역사회도 점점 협조하는 일이 늘어갔다. 이 팀의 성과를 보면 입이 다물어지지 않을 것이다. 시민들의 불만이 완전히 사라졌을 뿐 아니라 기존의 접근 방식을 획기적으로 바꾼 지 불과 3년 만에 1910특공대는 지난 수십 년 동안 답보상태에 있던 불법 마약 압수와 불법 총기 회수에서 괄목할 만한 성과를 얻은 것이다.

무엇이 그들의 접근법과 효율성을 획기적으로 변화시킨 것일까? 해답은 팀원들이 과거와는 다른 마인드셋을 가지게 되었다는 데에 있다. '보는 방식, 생각하는 방식', 즉 우리는 이것을 바로 '아웃워드 마인드셋'이라고 부른다.

마크 발리프와 폴 허바드는 훌륭한 의료회사의 공동대표다. 이들은 칩이 그의 부대에서 활용한 것과 같은 아웃워드 마인드셋 접근 방식으로 회사를 운영했다. 몇 년 전, 이들은 뉴욕의 한 오래된 투자 전문 회사의 회장단과 회의를 하게 되었다. 지난 5년간 연평균 성장률에서 32퍼센트, 연평균 수익률은 30퍼센트씩 증가하는 가운데, 잠재적인 투자기관들과 이렇게 미팅하는 일은 어렵지 않았다.

"그래서 당신들은 50개가 넘는 망해가는 의료시설에서 수익을 냈다고요?" 투자회사의 사장 한 사람이 물었다.

마크와 폴은 고개를 끄덕였다.

"어떻게요?"

마크와 폴은 서로를 바라보면서 상대방이 먼저 대답하기를 기다렸다. "모든 건 적합한 리더를 선발하고 개발하는 것에 달려 있습니다." 결국 마크가 답했다.

"그렇다면 리더의 어떤 자질을 가장 중요하게 여기십니까?" 마크와 폴은 마치 반대심문을 받는 것 같았다.

"겸양입니다." 폴이 답했다. "의료회사를 정상적으로 복원할 수 있는지 없는지의 성패를 가르는 것은 바로 리더의 겸양입니다. 성공하는 리더들은 자기 자신을 넘어서서 볼 수 있고 사람들이 지닌 진정한 능력과 가능성을 품어줄 만큼 겸양을 갖춘 사람입니다. 그들은 자신들이 모든 것을 아는 것처럼 보이려 애쓰지 않습니다. 오히려 구성원들이 직면하는 도전 상황에서 스스로 문제 해결을 위한 책임의식을 갖도록 의욕을 고취시키며 서로 돕는 환경을 만듭니다."

투자회사의 다른 임원들이 무표정한 그들의 사장을 바라봤다.

"겸양을 가진 리더라고요?" 그는 거들먹거리는 말투로 불쑥 내뱉었다. "망해가는 그 모든 50개 시설에서 수익을 내는 리더가 겸양을 갖춘 사람이라고 말하는 건가요?"

"네, 그렇습니다." 마크와 폴이 망설임 없이 대답했다.

사장은 잠시 그들을 응시했다. 그리고 의자를 테이블 뒤로 밀치고 벌떡 일어나며 말했다. "나로서는 전혀 납득이 안 가는 얘기네요." 그는 악수만 하고서는 곧장 회의실을 떠나버렸고 확실한 성과를 내고 있는 회사에 대한 투자 기회를 외면했다. 회사의 성과가 '자기 자신을 너머 바라볼 수 있는' 겸양을 가진 리더에 전적으로 달려 있다는 점을 그는 이해할 수 없었던 것이다.

15년 전, 마크, 폴, 그리고 또 한 명의 파트너가 사업을 시작하기로 결심했다. 이들은 의료분야에서 모두 합해야 10년이 채 안 되는 경력을 갖고 있었지만, 문제투성이 산업에서 새로운 사업 기회를 포착해냈다. 그들은 임상적으로나 재정적으로 사면초가에 빠져 경쟁사업자의 공격에 취약한 시설들을 인수하기 시작했는데, 사업장 실패 이유가 사람이나 지역상권에 등에 있는 것이 아니라, 결정적인 요인은 사람들의 올바른 마인드셋의 부재에 있음을 확신한 데 따른 것이다. 이들은 체계적인 접근 방식을 통해 아웃워드 마인드셋에서 제시하고 있는 원칙을 전적으로 적용했다.

마크는 자신의 경험을 이렇게 설명한다. "경쟁사업자들은 단순히 능력이 부족한 사람들을 교체하면 더 잘 운영될 수 있지 않을까 하며 문제가 있다고만 생각한 나머지 해당 시설들과 조직을 신속하게 제거하는 데만 급급했습니다. 하지만 우리는 다르게 봤습니다. 잘못된 경영으로 실적을 못 내는 것일 뿐, 직원들로 하여금 무엇이 가능한지 그 가능성을 볼 수 있게 한다면 사업이 정상화될 수 있다고 본 것입니다."

이들이 시설들을 인수하면서 거의 모든 과정에서 예외 없이 같은 패턴이 반복된다는 사실을 알게 됐다. 시설 대표들은 호의를 베푼다는 생각에 흑자 전환을 위해 해고할 직원들 대여섯 명 정도를 알려준다. "우린 그 명단을 받고 다시 일하러 갑니다." 폴과 마크가 회상했다. "예외 없이 그 명단의 다섯 명 중 네 명이 가장 높은 성과를 내는 사람들로 바뀝니다."

이것이 무엇을 증명하는지 생각해보자.

만약 문제가 있다고 파악된 사람들이 새로운 접근 방식으로 최고의 직원이 될 수 있다면 조직의 발전, 더 나아가 쇠퇴에 접어든 기업을 살리는 것 또한 일부 직원을 해고하는 식이 아니라 직원들이 제대로 상황을 인식할 수 있도록 도움으로써 해결할 수 있다는 것을 의미한다. 즉, 상황을 새롭게 보고, 현실을 보고, 자신을 넘어 전체를 볼 수 있도록 마인드셋을 어떻게 바꿀 것인가의 문제인 것이다.

폴 허바드는 이렇게 설명했다. "리더가 실패하는 이유는 여기에 있습니다. 통상 리더들은 비전을 선포하고 자신이 인지하는 비전을 직원에게 실행하라고 지시하죠. 리더라면 조직에 미션을 제공하고 가능성을 제시하는 게 맞지만, 겸양을 갖춘 훌륭한 리더라면 여기서 멈추지 않고 직원들이 스스로 상황을 볼 수 있도록 도와줘야 합니다. 조직이든 과제든 현 상황을 직시하고 제대로 볼 수 있을 때, 주도적으로 이행할 수 있습니다. 그리고 책임감을 갖게 되죠. 사람들은 리더의 지시사항을 단순히 이행할 때보다 자신들이 스스로 보는 것을 실행할 수 있는 자율성을 가질 때 돌발적 상황 속에서도 적절히 대응할 수 있습니다. 이러한 유연성과 대응 능력은 당신이 관리하거나, 강요하거나, 지휘할 수 있는 것이 아닙니다."

두 공동대표는 초기에 인수했던 몇 개 기관을 운영하면서 이와 같은 교훈을 얻어냈다. 주의 깊게 상황을 주시하면서, 분유를 수없이 타고 있는 자신을 발견했다. 현장 상황에서 요구되는 일이라면 무엇이든 해내는 것이다. 의료시설을 계속 인수하는 과정에서, 다른 리더들도 이러한 아웃워드 마인드셋을 갖고 조직을 운용하도록 변화시키는 것이 중요했다. 필요하면 그 상황에 필요한 행동, 즉 아기 분유를 기꺼이 탈 수 있는 사람, 그리고 다른 사람도 그렇게 할 수 있도록 도와줄 수 있는 사람이 필요한 것이다.

이 책은 이러한 상호 간의 협력, 전체 구성원들이 자발적으로 참여하는 혁신, 상황에 필요한 응답을 어떻게 하면 해낼 수 있는지를 도와주는 지침서라고 할 수 있다. 개인, 팀, 조직의 성과를 획기적으로 변혁시킬 수 있는 인지 방식, 사고방식, 업무 방식, 그리고 타인을 리드하는 방식을 어떻게 경험할 수 있는지를 배울 수 있도록 해준다.

이 책의 초반부를 읽으면서, 여러분은 스스로가 마크 밸리프와 폴 허바드 공동대표와 회의 중 자리를 일찍 떴던 투자사의 사장이나 경영진처럼 느껴질지 모르겠다. 여기서 다루는 아이디어가 실제로 와 닿지 않을 수 있고, 이 책의 내용이 당신이 직면하는 도전을 극복하는 데 어떤 도움이 되는지 의아해 할 수도 있다.

투자회사 사람들과 달리 당신은 회의 자리를 떠나지 않고 이러한 차별화된 접근 방식에 관심을 기울이고 계속 남아 있기를 바란다. 당신 자신, 팀, 조직 성과의 변혁을 위해 실행력 있고, 반복 가능한, 그리고 확장성 있는 방법론을 배울 수 있다고 믿기 때문이다.

무엇보다 중요한 점은, 이 책을 통해 당신은 업무 외에서도 당신이 처한 상황을 다르게 볼 수 있게 될 것이다. 또 당신이 소중하게 생각하는 사람과의 관계를 새롭게 발전시키는 방법 또한 알게 될 것이다. 여기에는 당신이 너무도 어려워하는 사람도 포함될 수 있다. 이 책에서 조직 구성원에게 적용된 모든 것들은 가정에도 적용될 수 있고, 그 반대로도 적용 가능하다. 즉 조직이나 가정의 사례에서 얻은 교훈은 양쪽 모두에서 적용이 가능할 것이다.

우리의 여정은 칩과 마크와 폴이 근본적인 혁신이라고 믿었던 이 신념에서 시작한다 :

"마인드셋이 우리가 행하는 모든 것을 주도하고 만들어낸다. 그 것은 다른 사람과 어떻게 관계를 맺고, 매 순간 상황 속에서 어떻게 행동하는지를 결정하는 핵심이다."

Chapter 2

무엇이 행동을 낳는가?

자기계발이나 조직 변화에 대한 대다수 책들은 놀라운 성과를 이룬 사람들이 어떠한 행동을 하는지에 대해 서술한다. 그들의 행동을 따라함으로써 유사한 성과를 얻을 수 있다는 기대 때문이다. 이러한 정형화된 접근 방식은 "행동이 결과를 만들어낸다."라는 간단한 개념에서 출발한다. 이를 [도표1], 행동 모델을 통해 설명해보겠다.

여기서 삼각형은 개인이나 조직의 행동을 나타낸다. 이 모델에서는 개인이나 조직의 행동이 모여 성과를 만들어낸다는 것을 전제로 한다.

행동이 결과를 만든다는 것은 자명한 사실로 보일 수 있다. 하지

[도표1] 행동 모델

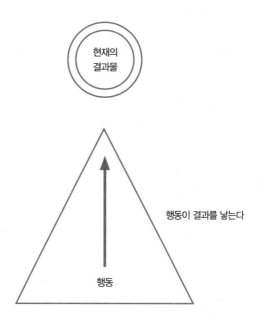

만 얼마나 많은 사람들이 이러한 행동 모델을 적용해보려고 했지만 실패했는가? 놀라운 성과를 이룬 사람들의 리더십 스타일을 적용하거나 그들의 인간관계 방식을 흉내 내어보았지만, 효과는 없고 좌절감뿐이었다.

이러한 사실은 행동 모델에 오류가 있음을 시사한다. 다음의 두 가지 이유로 설명해보겠다.

우선 간단한 사례를 통해 생각해보자. 미아라는 사람이 커뮤니

케이션 스킬을 개선하려고 워크숍에 참석 중이다. 이틀간의 워크숍 동안 새로운 스킬을 배운다. 상대방의 의견을 적극적으로 구하는 질문법에 대해서 배우고, 상대방이 공격적으로 대응하거나 회피하는 상황에서 어떻게 반응할지도 배운다. 그리고 상대방에게 주의를 기울인다는 것을 입증하기 위해 상대방의 말을 자기의 언어로 바꾸어 표현하는 것도 연습한다. 상대방에게 더 좋은 답을 얻어내기 위해 보다 조심스러운 언어로 표현하는 법도 배운다. 그리고 표정, 제스처, 아이 컨택트 등의 비언어적 요소들을 효과적으로 구사하는 방법도 배운다.

미아는 현업으로 돌아와서 배운 것을 활용해보기로 결심했다. 특히, 배운 것들을 활용해서 자신과 관계가 좋지 않은 동료인 칼과의 의사소통이 개선되는지를 확인하고 싶었다. 사실 미아는 그가 싫고 그에게 신뢰도 없다. 그와의 관계는 늘 긴장된다.

칼과의 대화에 새로운 스킬을 적용한 결과는 어땠을까? 미아의 달라진 행동에 칼이 변화를 느끼고 둘의 관계에 상당한 개선이 이루어졌을까? 물론 그럴 수도 있을 것이다. 하지만 미아가 어떤 새로운 스킬을 사용했는지 또는 어떤 행동을 적용했는지와 상관없이, 미아가 칼에게 다른 느낌으로 대하게 될지 여부는 자신이 칼에 대해 실제로 얼마나 다르게 느끼는지에 따라 달라진다.

미아가 칼에 대해 예전과 동일한 방식으로 느끼고 만약 칼이 이를 인식한다면, 칼은 미아의 의도를 의심하기 시작할 것이다. 미아가 피상적인 변화를 가장하여 중요한 이슈를 감추는 것으로 생각하며 오히려 화가 치밀어 오를 수도 있다.

칼이 만약 이렇게 반응한다면, 그건 미아가 새로운 행동을 적용해봤지만, 실제 별 차이가 없었다고만 얘기하고 말 수도 있다. 실제로 이러한 일련의 경험으로 인해 둘 간의 긴장이 오히려 커질 수도 있다. 미아가 새롭게 배운 스킬을 적용하더라도 결과는 개선이 아닌 악화로 치달을 수 있다는 것이다.

물론 미아의 새로운 스킬이 백해무익하다는 것은 아니다. 다만 행동뿐 아니라 다른 어떤 것이 성패의 본질적인 역할을 한다는 것이다. 그렇다면 우리가 하는 행동의 효과는 행동보다 더 심오한 무언가에 전적으로 달려 있다고 볼 수 있다. 행동 모델에는 이에 대한 설명이 결여되어 있다. 따라서 이는 불완전한 모델이고, 우리를 잘못된 방향으로 이끌 수 있다.

행동 모델이 잘못된 또 다른 이유는 여기에 있다. 휴스 팀장과 그의 팀을 생각해보자. 그들의 이야기는 너무 놀라워서 더욱 강력한 스토리다. 특공대 요원들이 작전 중에 아기 분유를 타는 모습은 상상하기 힘든 장면이다. 대다수 특수부대에서는 작전 중에 분유 타는 일을 선택하지 않을 거라는 사실 때문만이 아니라, 애초부터 분유를 타야 한다는 생각이 절대 떠오르게 되지 않기 때문이다. 왜 그럴까? 이는 경찰직에 종사하는 사람들이 흔히 가지고 있는 마인드 셋에서 나올 수 있는 아이디어가 아니기 때문이다.

여기서 마인드셋이라는 용어는 자신에 대한 신념 이상의 개념이다. 이는 세상을 바라보는 방식, 즉, 타인, 상황, 도전, 기회, 의무와 같은 것들을 어떻게 인식하는지를 일컫는다. 행동은 상황이나 가능성을 어떻게 보는가와의 함수관계에 있다.

그러므로 성과 개선을 위해 전적으로 행동양식에 초점을 두는 접근 방법은 두 가지 문제점이 있다.

1. 아기 분유를 타줘야겠다는 필요성을 인식하는 일처럼, 어떤 상황에 개입할 때 어떤 행동을 선택할 것인가는 (그 상황에서 도움이 되고 올바르다고 판단해서 행하는 행동) 상황을 보는 방식과 상대하는 사람이 누구인지에 달려 있다. 행동이 결과를 만들어내지만, 행동 그 자체는 마인드셋에 근거하여 형성된다.

2. 미아의 이야기에서처럼, 사람이 어떤 행동을 하든지 간에 그 사람의 마인드셋이 드러나게 되며, 타인은 그 사람의 행동과 마인드셋의 결합에 반응한다. 그러므로 개인의 행동이 나타내는 효과는 상당 부분 마인드셋에 따라 달라진다.

이와 같은 현실은 다음의 마인드셋 모델을 통해 설명할 수 있다.

조직을 변화시키는 데 있어서, 이와 같은 마인드셋 모델이 시사하는 바는 무엇일까? 불완전한 행동 모델을 기반으로 하여 변화를 이루려고 한다면, 이것은 사람이나 조직의 행동 변화에만 초점을

[도표2] 마인드셋 모델

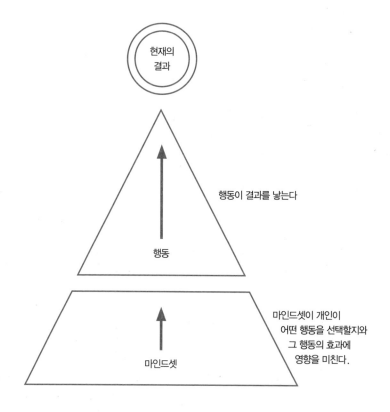

현재의
결과

행동이 결과를 낳는다

행동

마인드셋이 개인이
어떤 행동을 선택할지와
그 행동의 효과에
영향을 미친다.

마인드셋

맞춰 성과를 개선하려는 것으로, 행동과 마인드셋 모두를 변화시
키는 것에 초점을 맞추는 것보다 실패 확률이 높다는 사실이다.

이러한 사실은 맥킨지의 연구결과에서도 입증되었다. 연구결과
에 따르면, "마인드셋을 인지하고 변화를 추구하지 않으면 조직 전

[도표3] 행동으로 밀어붙이는 접근법

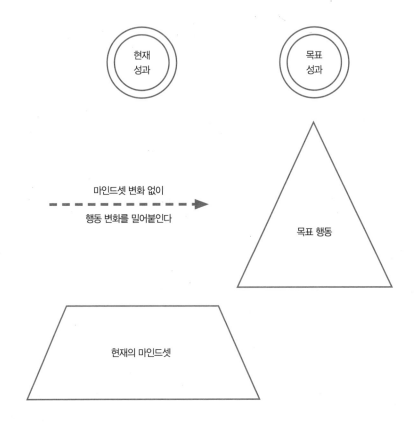

체의 변화 노력이 교착상태로 빠진다."[1] 맥킨지의 또 다른 연구에서도 같은 맥락의 결과가 나타난다. "처음부터 조직 내에 팽배한 마인드셋을 규명해내고 중요하게 다루는 기업은 조직 변화에 성공할 확률이 그렇지 않은 조직에 비해 4배 높다."[2] 즉, 마인드셋 변화

에 초점을 맞춤으로써 변화를 이루려는 사람들은 행동의 변화에만 초점을 두는 사람보다 성공할 가능성이 4배 높다고 볼 수 있는 것이다.

이와 같은 연구결과에 주목하면서, 성과 개선을 위한 두 가지 접근 방식을 살펴보자. 첫 번째 접근 방식은, 〔도표3〕에서 볼 수 있는 것과 같이 개개인이나 조직이 행동에 대한 변화를 강요하는 반면 마인드셋 변화에는 소극적이다.

개인이나 기업에서 사람들의 행동 밑바탕에 깔려 있는 마인드셋과 상충되는 새로운 행동 방식을 적용하려 할 때, 그 변화가 성공적으로 이루어질 수 있다고 생각하는가?

우리가 만났던 한 임원은 이에 대해서 이렇게 답했다. "어떤 리더들은, 카리스마, 불굴의 의지, 세세한 관리를 지속하여 마인드셋의 변화 없이도 이러한 종류의 변화를 단기적으로는 만들어낼 수 있을 것입니다. 그러나 내 경험에 비추어 볼 때, 이는 지속이 불가능합니다. 곧 예전의 모습으로 돌아가고 혹여 유지가 되더라도, 해당 리더가 퇴사를 하면 모든 게 예전의 상태로 되돌아가게 마련이죠."

회의에 참여한 다른 사람들은 이에 동의했다. 그들 중 한 사람이 이렇게 말했다. "조직에 널리 퍼져 있는 마인드셋을 변화시키지 않으면 행동을 변화시키려는 노력은 저항에 부딪히기 마련입니다. 직원들로부터 '순응' 행동은 비교적 쉽게 끌어낼 수 있으나 '몰입'

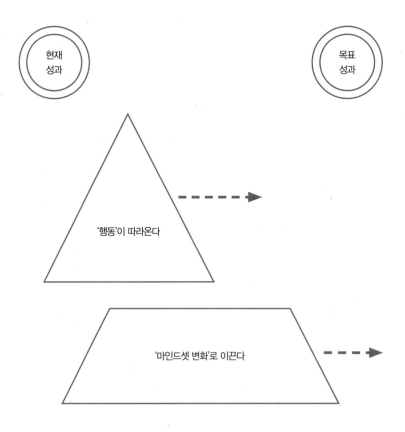

행동은 마인드셋의 변화 없이 이끌어낼 수 없죠. 그리고 몰입 행동
이 진정한 차이를 만듭니다.”

　당신의 경험에서도 마찬가지일 것이다. 당신의 회사생활이나 가
정생활에서 마인드셋은 그대로인 상태로 행동 변화를 강요하려 할

때 무슨 일이 벌어지는지 (또는 전혀 일어나지 않는지) 알 수 있을 것이다.

행동을 강요하는 접근 방식과 마인드셋 변화도 함께 강조하는 접근 방식을 비교해보자. [도표4]는 휴스 팀장이 그의 팀에 마인드셋 변화를 처음 시도했을 때 추진했던 접근법을 보여준다.

휴스 팀장이 자기 팀원들에게 마인드셋 변화를 강조함으로써 팀원들의 행동과 결과에 괄목할 만한 발전을 가져왔다. 그들의 이야기에서처럼 개인 차원이든 조직 차원이든 마인드셋의 변화가 충분히 이루어지면 각 팀원들의 임무를 일일이 구체화할 필요가 없다. (이는 행동 모델로 운영 체계를 유지하는 사람들이 가정하는 바와 다르다.) 마인드셋이 변화하면 변화하라고 지시하지 않아도 행동이 변한다. 특정 행동을 규정해야 할 때에도 새로운 변화 제안에 조직적 저항이 없다. 이런 까닭에 마인드셋의 변화는 지속적인 행동의 변화를 낳게 되는 것이다.

또한 마인드셋이 변하면서 사람들은 전에 생각해보지 못한 방식으로 사고하고 행동하기 시작한다. 휴스 팀장은 과거에는 엄마들이 울고불고하는 아기들을 달래는 상황에서 그들에게 도움을 주기 위해 분유를 준비하는 것을 상상해본 적이 없었다. 실제로 그는 자기 팀에게 이를 가르쳐주거나 언급한 적이 없다. 그러나 자신의 팀원들이 다른 마인드셋을 갖도록 노력을 했기에 (물론, 자신으로부터 시작해서) 팀장은 이러한 방법을 미리 생각하거나 명령 내릴 필요가 없었던 것이다. 예기치 않은 상황에 맞닥뜨렸을 때 그의 팀원 중 한 명이 스스로 옳은 일을 생각해낸 것이다. 마인드셋이 밑바탕이 되어 그 순간 가장 도움이 될 수 있는 행동을 하도록 촉발한 셈이다.

다음 장에서는, 이를 가능하게 해주는 마인드셋을 살펴보겠다.

두 가지 마인드셋

루이즈 프란체스코니는 오랜 역사를 지닌 하워드 휴즈^{Howard Hughes}사의 사장으로 그가 재임할 당시는 산업 내 합종연합이 활발하게 이루어진 시기였다. 당시 최대 경쟁 관계에 있던 한 회사가 루이즈가 이끌던 회사를 막 합병한 때였다.

합병 후 즉각적으로 지시사항이 떨어졌다. 루이즈 프란체스코니 사장과 경영진은 1억 달러(약 천억 원)의 비용을 절감해야 했다. 주어진 시간은 30일, 거부할 수 없는 상황임은 누구나 알 수 있었다. 사장은 봉착한 위기를 해결하기 위해 우리에게 도움을 청했다.

사장과 경영진이 받은 압박감을 상상해보라. 인수회사는 당장 신규 임원 인사를 결정 지을 태세였다. 1억 달러의 비용절감은 그들이 회사에서 자리를 보존할 수 있는지를 갈음하는 것과 마찬가지였다.

그들은 선택의 여지 없이 지시사항의 이행에 들어갈 수밖에 없었다. 인수사의 지시에 따라, 또한 각 사업부문 수장으로서 개인의 능력을 활용하여 임무를 이행하는 중이었다. 자연스레 경영진들 사이에 긴장감이 돌았다. 각 임원들은 자신이 맡고 있는 파트의 비용이 삭감되지 않도록 하는 데 중점을 두었다. 직접 언급하거나 하지는 않았으나 비용삭감 방안에 대한 임원회의 브리핑을 통해 이는 명백히 드러났다. 모두들 자신 부서의 운영비는 경미하게 줄였고 그 이상으로 비용을 줄인다면 회사 전체에 치명적인 영향을 미칠 거라고 조목조목 설명했다. 그러면서도 인력관리 측면에서 1억 달러를 줄이는 유일한 방법은 대량해고라는 데에는 모두가 동의했다. 또한 예외 없이 자기 부서가 아닌 다른 부서에서 대부분의 감원이 이루어지기를 바랬다.

상황은 교착상태에 빠졌고 프란체스코니 사장의 좌절감은 심해졌다. 결론적으로, 무조건 1억 달러를 줄이는 방법을 찾아내야 했기 때문이다. 그리고 고통스러운 과정을 수반할 수밖에 없을 것이고, 자신의 팀이나 회사의 미래에 미칠 영향에 대해 고민하지 않을 수 없기 때문이다.

여러 조직의 자문 과정에서 우리는 이와 같은 교착상황을 수도 없이 보았다. 핵심을 들여다보면 문제는 간단하다. 인센티브 구조,

회사의 성과지표, 경력 목표, 개인의 자아, 이 모든 것들이 사람들이 자기 자신에만 초점을 두고 자신의 필요사항과 어려움에만 치중하도록 되어 있어, 팀이나 회사 전체에는 해를 끼치게 되기 마련이다. 즉, 조직 내의 팀과 구성원들이 모두 자기 자신에게만 초점을 맞추어 조직 전체는 옴짝달싹 못 하는 상황이 되는 것이다.

사장과 경영진은 다행히도 이를 벗어날 수 있는 방법을 발견했다. 두 가지 일이 계기가 되었다. 첫째로, 만약 감원이 필수불가결한 사항이라면 과연 누가 대상자가 될 것인지를 살펴보기로 한 것이다. 플립차트 위에 감원될 확률이 높은 사람들의 이름을 적기 시작했다. 사람들을 카테고리별로 구분하며 해고가 그들에게 어떤 의미를 가지는지 논의했다.

회의는 어색하게 진행되었다. 사람들 자체에 대한 이야기였고 내키지 않은 일을 억지로 해야 하는 상황이었기 때문이다. 그런데 점차 직원 이름과 그룹 리스트가 추가되면서 사람들은 의견을 내기 시작하고 논의에 깊숙히 관여하고 있었다. 감원 위험에 노출된 사람들을 진심으로 생각하기 시작한 것이다. '노동조합에는 어떤 의미일까? 해고되면 가족들에게 어떤 일이 생길까? 지역경제에는 어떤 영향을 미칠까?' 등을 생각했다. 해고의 심각성을 깨닫자, 가능한 한 이를 최소화할 수 있는 방안을 머리를 맞대고 고민하기 시작한 것이다.

그들이 공유한 마인드셋이 변하자 두 번째 돌파구가 열렸다. 임원진들과 작업을 하던 아빈저연구소 컨설턴트는 임원들에게 두 명씩 짝지어 그룹을 만들라고 요청했다. 그리고 각 임원들에게 두 시간 동안 두 명 또는 세 명의 동료와 일대일로 미팅을 하라고 했다.

목적은 두 가지였다. 다른 사업영역에 대해 최대한의 정보를 얻는 것이 첫 번째 목적이었다. 그리고 이러한 정보를 공유하는 과정에서 다른 사업부문의 핵심파트를 유지하기 위해 도움이 될 만한 것이 무엇인지 생각해보게 하는 것이 두 번째 목적이었다.

이는 동료가 자신들의 예산을 삭감하도록 협조하라는 것이 아니라, 그들이 예산을 확보할 수 있는 방법, 즉 배정된 예산을 지키는 것을 돕기 위해 자신이 무엇을 해줄 수 있는지를 생각하게 하는 것이었다. 동료가 예산을 삭감하지 않는 방법을 찾아내도록 도움으로써 1억 달러를 삭감할 수 있는 기이한 방식이라고 할 수도 있다. 그런데 일대일 미팅 중에 놀라운 일이 벌어졌다. 동료들이 상대방의 비즈니스 영역을 이해하면 할수록, 동료들을 어려움에서 도와주고자 하는 욕구가 커졌다. 동료가 소속된 핵심 사업부문을 유지하기 위해 자신의 예산을 일부 줄이기 시작했다.

임원들은 다른 동료 임원의 업무에 대해 더 많은 이해를 하게 되었다. 그러면서 자기 사업부문과 동료의 사업부문을 합치면 사업이 보다 효율적이게 되고, 회사 전체 비용도 크게 줄일 수 있지 않을까라는 생각이 떠올랐다. 이것이 무엇을 의미하는지 생각해보자. 사장의 직보 라인에 있는 한 임원이 고위직에서 물러나 과거 자신의 동료 밑에서 일하게 된다는 것이다. 그는 자신의 생각을 모두에게 공유했다.

특공대 요원이 아기 분유를 타는 광경처럼, 이는 흔히 볼 수 있는 일이 아니다. 그 이유는 조직에서 일반적으로 통용되는 마인드셋으로는 떠올리기 힘든 일이기 때문이다. 특히, 이곳의 사장과 경영진이 직면한 것과 같은 압박의 상황 속에서는 더욱 그러하다.

자신의 부서를 다른 부서 산하에 두자는 제안 단 한 건으로 회사는 700만 달러(약 70억 원)의 절감을 이뤄냈다. 이는 조직에 해를 끼치는 것이 아니라 조직을 개선해 나가면서 1억 달러나 되는 예산절감을 가능하게 한 수많은 협력의 첫 번째 단초였다. 팀을 분열시키거나 장기적인 측면에서 회사에 부정적 영향을 미칠 수 있는 무차별 예산감축이 일어날 수도 있는 상황이, 지속적인 사업 성장을 가능하게 하는 혁신적 사고를 불러일으키는 가속 페달로 변모한 것이다.

루이즈 프란체스코니 사장과 경영진들이 1억 달러의 예산을 절감해낸 방법은, 결과적으로 그들의 협력 방식이 되었다. 해를 거듭할수록 이와 같은 방식의 협업은 계속되었다. 협업 초기에 사장과 경영진들은 복잡한 경영 여건 속에서 공동의 연간목표 수립을 위해 하루종일 워크숍을 진행했다. 이삼 년 후, 하루가 걸리던 워크숍이 반나절 워크숍으로 줄어들었다. 이제 연간목표 수립 작업은 협업의 일상화로 한 시간이면 충분하다. 그 기간 동안, 전문가들은 5

퍼센트 이상의 사업 성장이 불가능하다고 전망했으나 실제로 사업은 두 배 성장했다.

　프란체스코니 사장 팀이 1억 달러 삭감을 위해 처음에 시도한 방식과 이후 목표 달성에 사용한 방법 간의 주요한 차이를 다음의 도표를 통해 살펴보자.

　팀 전체가 목표로 하는 결과물이 있다. 1억 달러의 비용절감이 필요했다. 대응 초기, 경영진들은 회사 내에서 자신들의 미래를 걱정했고 이는 지극히 당연한 일이다. 그들 모두 자신의 직위를 최대한으로 유지하고 싶었다. 그러한 마인드셋을 가질 때, 개인들은 자신에게 유리한 방법만을 고민하기 마련이다. 그런 사람의 행동을 〔도표5〕에 나타난 역삼각형 안에서 확인해볼 수 있다. 우리는 이를 '인워드 마인드셋(Inward Mindset)'으로 운영되는 방식이라고 부른다.

　자신에게만 초점을 맞추려 하는 제약에서 벗어날 때, 구성원들은 인워드 마인드셋에서 생각해낼 수 없었던 방법들을 고안해낼 수 있다. 공동의 결과에 초점을 맞추면 마인드셋이 아웃워드로 전환된다. 행동 삼각형의 방향을 공동의 결과에 맞춤으로써 이러한 마인드셋의 전환을 이룰 수 있다.

　어떠한 마인드셋을 가지고 있느냐에 따라 사람들이 어떻게 생각을 하고, 또한 어떻게 다른 행동을 하는지를 주목해보자. 인워드 마인드셋에서 사람들은 자신의 이익을 챙기는 방법으로 행동한다.

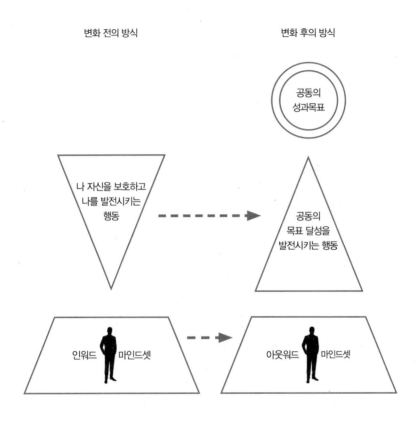

아웃워드 마인드셋을 가질 때 사람들은 자신들이 성취하고자 하는 공동의 결과물을 보다 더 잘 성취해낼 수 있도록 생각하고 행동한다.

인워드 마인드셋과 아웃워드 마인드셋, 이 두 가지 마인드셋은

〔도표6〕에서 보는 것처럼 마인드셋의 연속선 상에서 양극단을 나타낸다. 가령, 모든 사람들이 인워드 마인드셋을 갖고 있고 조직의 구조, 제도, 프로세스가 그와 같은 방식으로 운영되는 조직이 있다고 가정해보자. 어떤 조직도 완벽하게 그렇게 운영되지는 않겠지만, 우선 마인드셋의 연속선 상의 맨 왼쪽에 있다고 가정해보자. 그리고 반대로, 사람, 프로세스, 시스템이 완전히 아웃워드 방식인 조직을 생각해보자. 마찬가지로 완벽하게 아웃워드 마인드셋으로 운영되는 조직은 없겠지만, 연속선 상의 오른편 끝에 이런 극단적인 케이스가 있다고 생각해보자.

[도표6] 마인드셋 연속선

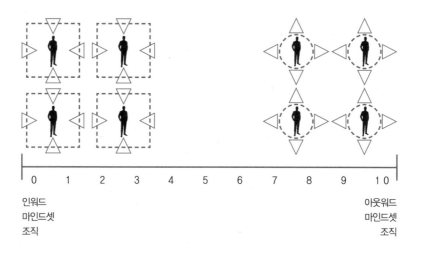

우리는 고객사에게 자신들의 조직이 마인드셋 연속선 상의 어디에 있는지 평가하고 고객 본인에 대해서도 평가를 하도록 한다. 진척 정도를 측정하기 위한 기본데이터 수집을 위해서다. 사람들이 자신의 조직에 대해 어떻게 평가하는지를 보면 흥미로운 사실을 발견할 수 있다. 완전한 인워드 마인드셋은 0, 아웃워드 마인드셋을 10이라고 할 때, 자신의 조직이 5 이상이라고 평가하는 경우는 소수이고, 대다수가 2에서 4 사이로 평가한다.

일반적으로, 사람들은 자기 자신을 평가할 때는 조직에 대한 평가에 비해 높게 평가한다. 따라서 조직 내에서 다음과 같은 불일치가 나타난다. 직원들은 자신을 7로 평가하나 조직은 3으로 평가한다. 이는 우리가 《상자 밖에 있는 사람Leadership and Self-Deception》이란 책에서 다루었던 자기 기만의 문제를 드러낸다.

점수와 상관없이, 우리의 목표는 개인이나 조직을 마인드셋 연속선 상에서 보다 오른쪽으로 변화하게 하는 것이다. 왜 그렇게 해야 할까? 개개인의 책무, 협력, 혁신, 리더십, 문화, 그리고 고객가치, 이러한 모든 것들을 개선할 수 있는 방법은, 조직의 전략, 구조, 시스템, 프로세스, 일상의 작업 방식에 아웃워드 마인드셋을 확대 적용함으로써 가능하기 때문이다.

Chapter 4

진정성 있게 바라보기

3장에서는 내부지향적인 인워드와 외부지향적인 아웃워드 마인드셋에 대해 소개하며 하워드 휴즈 사의 경영진에게서 두 가지 마인드셋이 어떻게 작동했는지 확인했다. 인워드에서 아웃워드로 마인드셋이 전환될 때 볼 수 있는 바와 같이, 사람들의 마인드셋이 아웃워드로 바뀔 때, 보다 나은 가능성을 열 수 있게 된다. 자기 자신을 넘어 생각하며 개인의 이익에만 국한해서 생각하지 않기 때문이다.

아웃워드 마인드셋으로의 변화는 사람들이 타인을 보는 방식과 타인에게 관여하는 방식의 변화를 불러온다. 우리는 루이즈 사장 팀의 경험에서 이를 확인할 수 있었다. 마인드셋이 아웃워드로 바뀌면서 자신의 요구사항만이 아닌 다른 사람의 필요사항이나 목표가 보이기 시작했고 이를 고려하기 시작했다. 동료들의 요구사항, 그리고 감원이 있을 경우, 이에 영향 받을 사람들의 요구사항을 생각한 것이다. 그들이 이와 같은 방법으로 타인을 고려하기 시작하면서 타결책을 얻었다. 다른 사람들을 보는 눈이 달라지면서 다르게 생각하고 다르게 행동하기 시작한 것이다.

다음 페이지의 〔도표7〕과 〔도표8〕은 각각의 마인드셋에 따라 개인이 어떻게 행동하고 타인에게 어떤 방식으로 관여하는지를 보여준다. 도표 속의 삼각형은 다른 사람과 관련한 나의 목표와 행동을 나타낸다. 아웃워드 마인드셋을 가질 때, 나의 목표와 행동은 다른 사람들을 고려하게 된다. 따라서 삼각형이 외부를 향한다. 반면 인워드 마인드셋에서는, 나의 목표와 행동이 나에게 초점을 맞춘다. 따라서 삼각형은 내부로 향하게 된다.

이 도표들의 또 다른 중요한 요소는, 이러한 두 가지 마인드셋에 따라 자신이 타인을 보는 방식에 큰 차이가 생긴다는 점이다. 아웃워드 마인드셋에서는 타인의 요구사항, 목적, 문제를 인식하고 이에 관심을 가진다. 타인을 '사람'으로 보는 것이다. 반면 인워드 마인드셋에 있을 때에는 초점이 자신에게 맞춰지므로 다른 사람들이 그들 자신의 요구사항, 목표, 문제를 가진 사람들로 보이지 않고 나의 요구사항, 목표, 문제 해결에 활용할 수 있는 '대상'으로 보이게 된다. 나에게 이익이 되는 사람들은 매개체로 보이고, 상황을 어렵

[도표7] 아웃워드 마인드셋과 타인

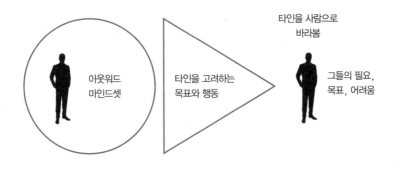

아웃워드
마인드셋

타인을 고려하는
목표와 행동

타인을 사람으로
바라봄

그들의 필요,
목표, 어려움

[도표8] 인워드 마인드셋과 타인

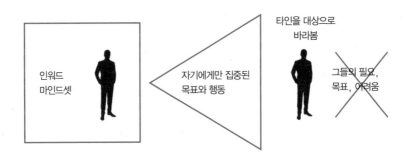

인워드
마인드셋

자기에게만 집중된
목표와 행동

타인을 대상으로
바라봄

그들의 필요,
목표, 어려움

게 할 수 있는 사람들은 장애물로 보인다. 이익이 될 만한 사람들이
아닌 경우 그들은 무관심의 대상이 될 뿐이다.

　인워드 마인드셋을 내성적인 성향과 혼동하면 안 된다. 자기중
심적으로 내성적인 사람들의 경우, 이때는 인워드 마인드셋을 갖
게 될 수 있다. 그러나 타인과의 연결고리를 내성적으로 성찰하는

사람의 경우라면, 이는 아웃워드의 본질을 보여주는 것이다. 사람이 외부와 어떻게 연결되는지 보기 위해 내면을 바라보는 일이 도움이 될 수 있기 때문이다.

이와 같은 자기 성찰적인 아웃워드 마인드셋은 앞서 1장에서 등장했던 의료회사에 필요한 핵심사항이었다. 회사의 성공은 회사의 직원들이 자신의 동료나 고객들의 필요사항, 목표, 어려움을 인식하고 관심을 가지면서 자신이 다른 사람과 공존하는 방식에 관해 어떻게 되짚어 보는가와 밀접하게 연관되어 있다.

회사에서 가장 먼저 인수한 의료시설은 임상적으로나 재정적으로 다년간에 걸쳐 골칫거리를 안겨주고 있었다. 여러 부문에서 유능한 팀장들이 이끄는 시설이었는데, 오랜 시간이 지나면서 자신들이 의료시장에 진입한 궁극적 이유를 잊고 있었던 것이다. 다년간 인워드 방식에 치중했던 경영진은 자신들에게 초점을 맞추는 인워드한 방식을 불러들이고 이를 강화해왔다. 그러면서 서로에게 자신이 어떤 영향을 미치는지에 무감각해지기도 하고, 더욱이, 자신들이 환자에게 미치는 영향마저 깨닫지 못했다. 시설 인수 후 몇 달 지나지 않아, 어느 고령의 베트남 출신 환자가 지역병원에서 이송되어 왔다.

다른 주에 사는 자녀를 방문한 후 베트남으로 돌아가던 중에 이 환자는 중대한 건강 문제에 직면했다. 영어를 할 줄 모르고 주변에 가족도 없는 상황에서 가장 기초적인 수준으로도 직원들과 소통이 불가능했던 그녀는 곧바로 문젯거리가 되었다.

처음에는 구토를 하고 연이어 소변에 문제가 발생했다. 그러더니 알 수 없는 괴성과 고함을 지르기 시작했다. 부서장 회의가 열렸고 한 관리자는 그 환자가 우리 시설에서 퇴출되어야 한다고 말하면서 그녀를 수용할 만한 곳이 있을 거라고 했다. 다른 사람도 이에 동의하면서, 최소한 그 환자를 진정시키기 위해 의사에게 약물 처방을 요청하자고 했다.

이러한 방법을 논의하고 관리자들은 미팅을 끝내려고 일어서려던 찰나였다. 그때 한 명이 작은 소리로, 마치 자기 자신에게 묻는 것처럼, 아웃워드 마인드셋의 질문을 조용히 던졌다. "내가 만약 그녀와 같은 상황이라면 어떨까요?" 그러자 모든 사람이 움직임을 멈췄다. 그녀는 말을 이었다. "저는 그냥 이 분의 상황 속에 제가 처해 있다면 어떨지를 생각하는 중이에요. 이 분은 집에서 멀리 떨어져 있죠. 영어도 못 하고요. 무슨 일이 벌어지는지 이해할 수도 없죠. 왜 우리가 자신을 이곳에 데리고 왔는지도 모르고, 영영 집에 못 간다고 생각할 수도 있어요. 이 분 생각이 정말 궁금해요. 무슨 생각을 하고 계시는 걸까요?"

모두 다시 자리에 앉았다. 잠시 후, 식이요법 관리자가 말을 꺼냈다. "여러분도 알다시피, 우리 집 근처에 작은 베트남 상점이 있어요. 이 분이 원래 먹던 익숙한 음식을 드시면 상태가 호전될 수 있을 것 같아요. 인터넷으로 요리법을 찾아서 제가 해볼 수 있는 음식을 알아볼게요." 사회복지팀장은 지역의 베트남 커뮤니티 그룹을 찾기 시작했다. 일주일 만에 베트남 환자 곁에서 이야기를 나누고 간호사에게 통역해줄 자원봉사자들을 여러 명 확보했다. 곧 모든 직원들이 이 환자가 잘 견뎌낼 수 있도록 하는 것뿐만이 아니라 어떻게 하면 호전될 수 있을지를 고민하게 되었다. 이 환자는 더이상 의료진과 시설 직원들에게 대상이 아니라 사람이었다. 그들이 돕고자 하는 사람인 것이다.

팀원들이 베트남에서 온 노인을 사람으로 보기 시작했을 때 어떻게 최고의 사고방식이 발현되었는지를 주목해야 한다. 특공대와 하워드 휴즈 사에서도 마찬가지다. 사람을 대상이 아닌 사람으로 봄으로써 더 나은 사고가 가능해진다. 왜냐하면 그와 같은 사고는 당면한 진실에 제대로 응답하게 하고, 사람들은 더이상 대상이 아닌 진정한 한 인간이 되기 때문이다.

이러한 진실은 일단 경험을 하게 되면 변화가 일어나지 않을 법한 상황에서도 변화를 가능하게 한다. 가령, 이반 코르니아와 그의 아버지, 윌리엄의 이야기에서도 나타난다.

이반은 1929년에 태어났다. 대공황 시기, 그의 아버지는 집 앞 가족농장에서 아침저녁으로 일하고, 그 사이에는 지역 운하에서 일하면서 장시간 노역에 시달렸다. 아버지의 상사는 매우 까다로운 사람이어서 운하에서 일하고 나면 종종 화를 내곤 했다. 술이 그의 도피처였다. 음주와 분노로 그는 난폭해졌고, 농장 안의 동물들에게 폭력을 가하기 시작했다. 하루는 말발굽을 갈던 중에 말이 갑작스레 발을 움찔하는 바람에 아버지의 다리에 상처가 났다. 그는 벌떡 일어나서 철제 줄을 잡아채고는 말의 머리에 채찍질했다. 어린 소년인 이반은 말의 굴레를 움켜잡고 있었다. 1200파운드(약 500킬로그램)나 되는 말의 살점이 그의 발 앞에 떨어졌다. 이반은 자신의 아버지가 말을 죽였다고 생각했다.

이반은 아버지가 양, 소, 염소, 개, 가릴 것 없이 동물들을 때리는 광경을 수없이 목격했다. 그리고 다음 순서는 자신이 될 거라는 두려움에 떨면서 살았다.

어느 날 아침, 이반과 아버지 윌리엄은 외양간에 같이 있었다. 아버지가 소 떼를 돌보는 동안 이반은 소 한 마리의 젖을 짜고 있었다. 이때, 옆 칸에 있던 소가 꼬리를 트는 바람에 이반에게 닿을 뻔했다. 이반은 꼬리 끝자락에 걸려 있는 조각에 시선이 꽂혔다. 생각할 겨를도 없이 이반은 벌떡 일어나 자신이 앉아 있는 철제 의자를 잡았다. 그리고는 아버지가 그랬던 것처럼 고래고래 욕을 퍼부으며 소를 잔인하게 때리기 시작했다.

이반이 화를 겨우 가라앉혔을 때, 의자를 내려놓고 그 위에 털썩 주저앉아서 다시 소젖을 짜려 했다. 이때 이반은 무언가 오싹한 느낌을 받았다. 자신이 공격한 소는 아버지가 가장 아끼는 소였던 것이다. 아버지는 바로 지척에서 작업하고 있었다. 이반은 떨기 시작했고 몸을 낮게 움츠렸다. 그는 소의 옆구리에 머리를 감추고 기다렸다. 심장이 쿵쾅거렸다. 아버지에게 두들겨 맞을 것이 분명했다.

하지만 아버지는 그대로 있었다. 이반은 숨을 헐떡이고 있었고, 외양간에는 적막이 흘렀다.

영원과도 같은 시간이 지나고 이반의 아버지가 조용히 다가와 아들 옆에 의자를 가져왔다. 아버지는 부드러운 목소리로 이야기했다. "이반, 네가 그만두면, 나도 그만두마."

70년도 훌쩍 지난 지금 이 이야기를 떠올리면서 이반은 그 이후로 누구보다 친절하고, 다정하고, 타인을 돕는 사람으로 변했다. 아버지는 한순간에, 완벽하게 그의 삶을 바꿨다. 더이상 폭력은 없었고 지독한 폭언도, 음주도 사라졌다. 일순간에 완전히 다른 사람이 되었다. 당시 아버지를 알고 있던 사람들은 그가 이렇게 변할지 상상조차 못 했다. 그것도 한순간에 이렇게 바뀔 거라고는 더더욱 생각하지 못했다. 어떻게 이런 일이 있을 수 있었을까?

이반의 아버지, 윌리엄은 아들이 원하는 바가 무엇인지 본 순간, 자신이 아들에게 어떤 영향을 미치고 있는지 깨달으며 책임을 통감했고, 과거에는 볼 수 없었던 자신의 능력을 발견했다. 윌리엄은 단지 자신의 행동만을 변화시킨 것이 아니라 자신이 '보고', '생각하는' 방식을 변화시켰기 때문에 극적으로 바뀐 것이다.

록 조르코는 유명한 앱 개발 회사인, '아웃피트 7$^{Outfit\ 7}$'이라는 회사의 제품개발 부사장이다. 그는 이렇게 이야기한다. "다른 사람을 대상으로 다루지 않고 사람으로 여기는 것을 깨닫는 것은 놀라운 내적 발견입니다. 이것을 알게 되면 예전 방식으로 회귀하는 법이 없죠." 윌리엄도 그랬다. 자신의 아들에게 미친 영향을 본 순간, 그는 이전 상태로 절대 되돌아갈 수 없었다. 아들의 상황을 제대로 보게 됨으로써 스스로 인워드 마인드셋에서 탈출할 수 있었던 것이다.

윌리엄, 루이즈 프란체스코니와 그의 경영진들, 특공대 팀 리더와 그의 요원들, 베트남 환자의 의료진들은 자신을 넘어 다른 사람들에게 무엇이 필요한지를 발견하면서 아웃워드 마인드셋으로 전환할 수 있었다.

이 책의 나머지 장에서 우리는 인워드와 아웃워드 마인드셋의 차이를 보다 심도 있게 탐구하고, 어떻게 하면 개인의 삶과 업무에 있어서 아웃워드 마인드셋을 보다 일관되게 유지할 수 있을지를 배울 수 있는 실제 사례들을 살펴볼 것이다.

다음의 2부에서는 인워드 마인드셋과 아웃워드 마인드셋을 보다 심도 있게 다룰 것이다. 인워드 마인드셋을 선택할 때 사람들이 어떻게 자기 방식에 매몰되는지를 논의하고, 개인적, 조직적 측면에서 그 파급 효과를 생각해볼 것이다. 또한 개인과 조직 차원에서 인워드 마인드셋과 아웃워드 마인드셋의 작용 방식을 비교할 것이다.

3부에서는 아웃워드 마인드셋의 패턴을 단계적, 세부적으로 다룰 예정이다. 이에 맞추어 적용한다면, 개인이나 조직 모두 일관되게 아웃워드 마인드셋으로 운영될 수 있다.

마지막으로 4부에서는 전체 조직을 포함해 어떤 집단이나 그룹 속에서 아웃워드 마인드셋의 접근 방식을 실행하는 데 있어, 개인이나 조직이 고려해야 할 사항과 유용한 실행 방식을 다룰 것이다.

PART 2
아웃워드 마인드셋 탐구하기

Chapter 5

자신만의 생각에서 벗어나기

아웃워드 마인드셋이 제공하는 모든 이득이나 우위에도 불구하고 왜 사람들은 내부지향적이 되는 것일까? 힘든 상황이나 까다로운 사람들 때문이라고 말하기 쉽다. 하지만 우리의 경험에 비추어볼 때, 사람들이 아웃워드 마인드셋을 갖지 못하는 것은 그들 스스로 자신을 방해하고 있기 때문이다. 그렇다. 우리는 스스로를 방해한다.

상황에 따라, 이는 전혀 가당치 않은 소리라 생각할 수도 있을 것이다. 당신의 상사가 정말 힘들게 하는 사람일 수 있다. 늘 당신에게 비판적인 배우자, 또는 말을 듣지 않는 아이들로 심적으로 피폐해졌을 수도 있을 것이다. 혹은 재정적으로 파탄이 날 지경이거나 커리어가 교착상태에 빠져 있다고 느낄지도 모른다. 그렇다라면, 우리도 이해한다. 우리도 과거에 그랬었기 때문이다.

하지만 우리는 자신의 힘든 상황에도 불구하고 아웃워드 마인드셋으로의 전환 방법을 찾은 사람들을 보았다. 그들은 이를 통해 비교할 수 없을 만큼 훨씬 더 나은 결과를 얻었다. 크리스 윌리스의 사례에서 이를 확인할 수 있다.

열일곱 살의 한 소녀가 크리스에게 가르쳐준 것이 있다. 어떤 어려움이 있어도 그 상황에서 어떤 마음을 가질지는 자기 자신의 선택이라는 것이다. 이 이야기를 공유할 수 있도록 해준 크리스에게 감사의 말을 전하고자 한다. 이는 매우 사적인 이야기지만 모든 상황, 모든 사람에게 적용할 수 있는 소중한 사례라 믿는다.

1967년, 무더운 8월의 어느 날, 당시 열여섯 살이었던 크리스는 자신의 가족 농장에서 건초를 베고 있었다. 이 농장은 아버지가 크리스의 어머니인 마가렛의 이름을 따서 산타 마가리타^{Santa Margarita}농장이라고 불렸다. 이 광활한 농장은 네바다 주의 리노 시에서 동남쪽으로 100마일(약 160킬로미터) 떨어진 곳에 펼쳐져 있었고, 규모가 3900에이커(15제곱킬로미터)나 됐다. 농장 한가운데에 강이 흐르고 강줄기 옆으로는 미루나무와 포플러나무가 길게 줄을 서 있는 모습은, 단조롭고 힘든 농장 일과 네바다의 뜨거운 태양으로부터 매력적인 피난처였다. 그날 크리스는 건초를 베어 깔때기에

넣고 '건초 더미'로 압축한 후 내보내는 기계를 운전하고 있었다. 그는 이 기계의 운전석에 앉아 혼잣말로 이야기하며 아버지에 대한 자신의 불만을 드러냈다.

그의 아버지 네이트 윌리스는 캘리포니아 주 북부에 있는 밀 농장에서 자랐다. 그는 캘리포니아 최초의 농약 살포 비행사였다. 네이트와 마가렛은 네바다 주 카슨 시에서 만나 결혼했고, 리노 시에 있는 민간 공항을 같이 매입해서 운영했었다. 몇 년이 지난 뒤 그 공항을 팔아 엄청난 이윤을 남겼고 그 돈으로 농장 세 개를 사들여 마침내 산타 마가리타 농장을 만들었다. 이는 네이트 자신의 근본으로 돌아가는 방법이었다. 하지만 크리스와 다른 형제자매들에게 이 농장은 사회적 지위의 상징하기도 했지만 동시에 암울하게 이어지는 끝없는 의무의 원천이기도 했다.

크리스가 열네 살 때, 펜실베이니아 주에 살던 부유한 외삼촌인 딕이 방문했고, 이는 크리스에게 농장에서 탈출할 수 있는 방법이 생기는 것만 같았다. "제가 크리스를 동부로 데리고 가서 그곳의 여러 도시, 박물관, 남북전쟁의 유적들을 보여주고, 사촌들에게 소개도 하면서 어떤 사업을 할 수 있는지 보여주고 싶어요." 딕 삼촌이 크리스의 아버지에게 그날 밤 저녁식사를 하며 말했다. 삼촌이 말한 사업은 넬슨 록펠러^{Nelson Rockfeller} 회사 중 하나였다. 크리스의 외삼촌은 당시 이 회사의 회장이었다. "이번 기회를 통해 크리스가 더 큰 일을 준비할 수 있을 것 같아요." 딕 삼촌은 이렇게 말했다.

크리스는 이 말을 듣고 어안이 벙벙해졌다. 크리스는 외가댁이 어떻게 성공하고 부를 쌓을 수 있었는지 그동안 말로 들어왔지만, 한 번도 동부에 가본 적이 없었다. 산타 마가리타 농장의 끝없는 벌판과 흙먼지 날리는 도로에서 벗어나 그림 같은 삶을 살 수 있을 거라 생각하니 너무나 흥분이 됐다. 크리스는 부푼 마음으로 아버지를 바라봤다.

아버지는 입안에 있던 고기를 다 먹고 나서 냅킨으로 입을 닦았다. 그러고는 고개를 흔들었다. "딕, 너그러운 제안을 해주어 고맙네. 하지만 우린 그렇게 할 수 없네." 방금전까지 날아갈 듯했던 마음이 갑자기 먼지투성이의 사막 한가운데, 마치 감옥과 같은 현실로 곤두박질치는 듯 느껴졌다. 크리스는 조용히 앞에 놓인 접시를 내려다보며 아버지를 향한 화가 치밀어 오르는 것을 느꼈다.

크리스는 결국 화를 참지 못하고 벌떡 일어나서 뛰쳐나갔다. 아버지가 밖으로 나와 크리스를 찾았지만, 크리스는 아버지와는 아무 말도 하고 싶지 않아 숨죽이며 숨어 있었다. 아버지가 자신이 싫어하는 삶을 평생토록 살라는 무기징역을 내렸다고 생각했다. 크리스는 아버지가 찾기를 포기할 때까지 펌프실 다락방에 한참을 숨어 있었다.

크리스는 사료용 풀을 베어내는 작업을 끝내면서 그날의 기억을 되돌려보았다. 그로부터 2년이 지났지만 아버지와의 거리는 더욱 멀어졌다. 매일 해야 할 잔심부름은 모두 다 해냈다. 하지만 그 이상으로 대화를 하거나 더 해야 할 일을 찾으려는 노력은 하지 않았고 아버지에 대한 이해나 감사의 표현도 일절 없었다. 매일 해야 할 기본적인 일들을 마친 후에는 강변 옆 덤불 속으로 사라져 아버지 서재에서 가져온 책 속에 빠져들며 자신의 삶에서 회피하려 했다.

크리스는 그다지 주의 깊게 보지 못했지만, 당시 집안 경제 상황은 위태로워지고 있었다. 딕 삼촌이 빚을 갚아주겠다고 제안했지만 아버지는 단번에 거절했다. 그리고 벼랑 끝에 내몰려 결국 엄청난 규모의 산타 마가리타 농장을 고작 160에이커(약 64만 제곱미터) 크기의 작은 농장과 9홀짜리 골프장과 맞바꾸는 굴욕적인 거래를 했다. 농장이 곧 없어질 절박한 순간에 이르자 크리스는 자신의 가족이 시골뜨기 패배자로 느껴졌다. 크리스에게 아버지를 미워할 또 하나의 이유가 더해졌다.

어느 날 저녁 크리스가 집 가까이 이르렀는데, 부모님이 다투는 소리가 들렸다. 전에는 한 번도 두 분이 싸우는 것을 본 적이 없었다. 문을 여는 순간, 크리스는 아버지가 어머니에게 손찌검하는 광경을 목격했다. 다투는 소리도 놀라웠는데 아버지의 폭력은 너무 충격적이었다. 크리스는 어머니를 보호해야 한다는 생각과 동시에 지난 2년간 속에서 가득 쌓인 분노가 한꺼번에 터져버렸다. 그는 안방으로 들어가 아버지의 권총을 집어들었다. 그리고 성난 얼굴로 눈을 부릅 뜨고는 아버지를 집 밖으로 쫓아냈다.

그로부터 두 달이 지난 후, 크리스의 삶은 영원히 바뀌었다. 잠자리에 든 후, 두 번의 커다란 소리에 잠에서 깼다. 첫 번째 소리는 총격 소리, 두 번째 소리는 바닥으로 몸이 쓰러지는 소리였다. 크리스는 자기가 아버지를 향해 겨눴던 그 총으로 아버지가 자살했음을 알았다.

형이 자신의 방으로 황급히 뛰어들어와 방금 일어난 일을 말했지만, 부모님 방에 들어가 그 장면을 확인하고 싶지 않았다. 복도에서 그는 아버지의 발을 볼 수 있었다. 그걸로 충분했다. 크리스는 아버지가 죽었다는 사실에 오히려 마음이 홀가분해졌다.

아버지의 죽음은 이미 극심한 어려움을 겪고 있는 가족에게 심각한 압박을 가중시켰다. 크리스는 이 모든 일을 아버지 탓으로 돌렸다. 경제적인 어려움도, 어머니에게 모든 책임을 떠넘기고 떠난 것도, 가족에게 창피를 주고 사회에서 버림받은 것처럼 느끼게 만든 것 모두가 아버지 때문이라고 생각했다. 크리스는 분노에 사로잡혀 있었다.

자기 삶에서 뭔가 일이 잘못될 때마다 아버지를 탓했다. 관계에서의 실패, 학교에서의 어려움, 진로 선택에 대한 주저함, 이 모든 것이 아버지 잘못이었다. 고민이 생겨도 조언을 해주고 상담해줄 아버지가 없는 사람에게 무엇을 기대할 수 있겠는가?

크리스가 잠자리에 들면, 아버지는 그의 수면까지 망쳐버렸다. 꿈에서 크리스는 아버지가 건물 밖이나 주차장 쪽, 또는 들판에 있는 장면을 자주 봤다. 크리스가 아버지 있는 곳으로 가면 아버지는 사라졌다. 매일 밤 같은 꿈이 재현되며 아버지는 꿈에서도 크리스를 버리고 떠났다.

크리스는 아버지의 자살과 아버지가 꿈속에 나타난다는 사실을 다른 사람들에게 이야기함으로써 커다란 공감과 위로를 얻을 수 있음을 알게 됐다. 크리스의 깨달음은 그가 스물한 살이던 때, 앤이라는 열일곱 살 소녀와 이야기를 나누면서 일어났다.

그가 전에 다른 사람들에게 자신에 대한 이야기를 나눌 때와 달리, 그 여자아이는 자신의 이야기에 별로 수긍하지 않았다. 크리스의 이야기를 듣자 그 아이는 키득거리며 웃기 시작했다.

"왜 웃는 거지?" 크리스는 화가 나서 물었다.

앤은 바로 답하지 않았다.

"웃을 만한 이야기가 아니거든?" 크리스가 당황해서 말을 더듬었다. 그리고 물었다. "도대체 왜 웃는 거니?"

"음, 아버지가 돌아가셨죠, 맞죠?"

크리스가 그녀를 물끄러미 쳐다봤다.

"그러니까 오빠 머릿속에서 일어나는 일들은 아버지 때문이 아니에요. 그건 오빠 때문이죠. 오빠가 스스로 꾼 꿈이잖아요."

그런 생각은 단 한 번도 해본 적이 없었다. 크리스는 골똘히 생각했다.

앤이 계속 말했다. "만약에 꿈에서 아버지를 만나면 무슨 말을 할 거예요?"

"난 아버지가 뭘 잘못했는지 다 말씀드릴 거야. 아버지가 엄마와 우리에게 얼마나 큰 상처를 주었는지 다 말해버릴 거야." 크리스는 감정에 북받쳐 대답했다.

앤은 잠시 머리를 긁적였다. "그거 참 신기하네요. 꿈에서 오빠는 자신이 아버지를 직면하게 할 수 없었잖아요. 아마 아버지에게 고통을 더하고 싶지 않아서일 수도 있어요."

이는 크리스가 전혀 생각지 못한 방식이었다. 이 순간까지도 아버지가 무거운 짐을 지고 있었다는 생각은 한 번도 해본 적이 없었다. 크리스는 늘 자기만 중요하다는 생각에 갇혀 있었다.

"그렇다면 내가 무슨 말을 해야 하는데?"

"나도 모르죠. 아마 지금까지 늘 아버지를 미워하고 원망했던 걸 사과할 수도 있겠죠." 앤이 대답했다.

크리스 감정이 폭발해서 말했다. "이봐, 사과해야 하는 사람이 있다면 그건 아버지야! 아버지가 내 인생을 망쳤다고!"

"아니에요, 오빠. 아버지는 아버지의 삶을 망쳤어요. 오빠는 오빠의 삶을 망치고 있어요."

크리스는 아무 말도 할 수 없었다. 크리스는 거의 인사불성이 되어 이리저리 서성이다 자리를 떠났다.

크리스는 앤이 해준 말을 계속해서 생각해보았다. 지난 3주 동안 아버지는 꿈에 나타나지 않았다. 그리고 어느 날 밤, 꿈속에서 아버지가 반대편 길을 따라 걸어 내려오고 있었다. 크리스가 아버지를 발견하자 아버지는 철물점으로 급히 몸을 숨겼다. 크리스도 재빨리 길을 건너 철물점으로 따라 들어갔다. 예전의 꿈속에서는 이런 상황에서 가게 안으로 들어가면 늘 아무도 없었는데, 이번에는 아버지가 불과 1미터 앞에 서 있었다. 오랜 세월이 지난 지금, 크리스가 아버지와 얼굴을 마주하고 선 것이었다.

크리스는 아버지에게 무슨 말을 해야 할까?

그는 꿈속에서 앤의 충고를 따랐다. 크리스는 아버지에게 사과했고, 아버지는 크리스를 꼭 껴안았다.

크리스가 꿈에서 깼을 때 그는 자신이 완전히 새로운 느낌으로 가득 차 있는 것을 발견했다. 크리스는 아버지를 그리워했던 것이다. 그동안의 모든 악감정이 아버지에 대한 갈망으로 바뀌었다.

아버지를 향한 그리움은 그 후로 44년이라는 세월이 지나도록 마음속에서 단 한 번도 사라지지 않았다. 크리스는 자신의 크나큰 변화를 바라봤을 때, 확실한 결론에 도달했다.

"다른 사람에 대해 가지는 생각과 감정은 그 상대방에 의해 결정된다고 우리는 늘 확신합니다. 그들이 우리에게 무슨 일을 했는지, 무슨 일을 해주지 않았는지, 그들이 얼마나 나를 무시했는지, 아니면 얼마나 나를 비판했는지 등을 생각하면서요. 하지만 열일곱 살 소녀가 그게 진실이 아니라는 것을 제게 가르쳐줬어요. 내가 다른 사람들을 그렇게 생각하고 느끼는 것은 결국 나 자신 때문인 것이죠."

아버지 때문에 일어난 고난에 대한 면죄부를 그냥 아버지에게 준 것 아니냐는 질문을 받았을 때, 크리스는 주춤하지 않고 대답했다. "아니에요. 저는 제게 면죄부를 주기를 멈춘 거예요. 이것은 아버지의 잘못을 눈감아주기 시작했다는 뜻이 아닙니다. 저는 아버지의 실수들을 봤어요. 아버지는 여러 번 잘못을 저질렀죠. 그 중 하나는 정말 끔찍하고 무서운 잘못이었지요. 아버지가 그 잘못을 저지른 직후 돌이키고 싶어 했을 거라고 장담해요. 물론 그로 인해 모든 것이 끝나버렸지만 말이죠. 하지만 이젠 더이상 아버지가 잘못한 일에 대해 곱씹지 않아요. 그동안은 제가 저지른 잘못을 회피하려고 아버지의 잘못에 집착했던 거죠."

크리스에게 본인이 저지른 잘못은 무엇인지 물어보자, 그는 눈물을 흘리기 시작했다. "당시에는 아버지에 대해 별다른 생각을 못했어요. 제대로 생각해본 적이 없죠. 그냥 아버지가 계신 걸 당연하게 생각했어요. 내가 원하는 것만 중요했어요. 엄청난 빚과 대가족을 책임져야 한다는 무거운 짐에 대해서 아버지에게 감사하는 마음을 가지려 한 적도 없어요. 사춘기라 제가 아버지를 이해하는 데 한계가 있을 수 있었겠지만 중요한 사실은, 제가 전혀 노력하지 않았다는 거예요. 아주 조금도요.

제가 한 번만이라도 아버지의 마음을 이해하려고 노력했더라면, 외삼촌이 저를 동부로 데려가는 것을 아버지가 가로막은 일이 제 인생을 망치려 했던 게 아님을 이해할 수 있었을 거예요. 사실 아버지로서는 아들이 점점 어른으로 성장하고 커가는 모습을 놓치고 싶지 않아서 허락하지 않았을 수도 있어요. 어느 부모가 막내아들이 겨우 열네 살일 때 잘 가라고 인사하며 떠나보낼 수 있겠어요. 저라면 못했을 것 같아요. 아버지도 그랬을 거예요."

크리스는 그 생각에 머리를 흔들었다. "저는 아버지가 전혀 제게 관심이 없다고 생각했기에 분노했는데 그건 아버지가 저를 너무나 사랑했기 때문인 것을 이제야 알겠어요. 하지만 그땐 그걸 외면했어요. 펌프실 다락방에 숨어 있던 날 밤, 전 아버지에게 설명할 기회를 주지 않았어요. 아버지가 왜 그런 말씀을 하셨는지 내가 생각한 이유 말고는 전혀 관심이 없었어요. 대신 아버지로부터 등을 돌리고 나 자신 속에 은신했어요." 크리스는 계속했다.

"제가 무슨 잘못을 했냐고요?" 크리스가 질문을 던진 사람을 똑바로 바라보면서 그 질문을 반복했다.

"저는 제 자신에게만 몰두해서 주변 사람을 간과하고 오해하는 잘못을 저질렀어요. 만약 제가 이해하려고 노력이라도 했다면 우리 가족의 상황이 달라지지 않았을까 날마다 생각해요."

4장에서 이야기했듯이 타인의 필요와 목표에 대한 관심은 인워드 마인드셋으로 점철된 사람들과 아웃워드 마인드셋을 가진 사람들을 구분해주는 특징이다. 마인드셋이 외부지향적이면 타인의 필요와 목표에 관심을 갖게 된다. 그들에 대해 내가 언제든지 도울 수 있는 사람이라는 시각을 갖게 된다. 반대로, 마인드셋이 내부지향적이면 다른 사람들로부터 등을 돌리게 된다. 그들의 필요와 목표에 대해 별로 상관하지 않는다.

남들에 대해 관심을 갖지 않으면 내 삶이 더 단순해질 것처럼 보이지만 사실은 그렇지가 않다. 다른 사람들의 요구에 대해 무관심하면 개인적으로든 사회적으로든 엄청난 희생이 따른다. 나의 무관심을 정당화하고자 하기 때문이다.

다른 사람들의 잘못이 진짜이든 상상 속의 일이든 거기에만 집착함으로써 나의 무관심을 정당화시킨다. 스스로를 정당화하는 동시에 상대방을 비난함으로써 개인적으로나 사회적으로 혹독한 대가를 치르게 된다. 다른 사람의 실패에 비중을 둠으로써 상대방을 도울 필요가 없었음에 대한 변명거리를 얻을 수 있다. 그리고 크리스가 그랬던 것처럼 자신의 실패에도 비중을 둔다. 나의 실패는 다른 사람이 나에게 잘못을 저지른 증거가 되는 것이다.[3]

이러한 일들이 어떻게 일어나게 되는지 다음과 같은 상황을 한번 생각해보자.

나는 로리라는 사람과 함께 일한다. 어느 날 내 일에 굉장히 도움이 되는 정보를 확보했다. 내가 이해하는 바로, 이 정보는 로리의 필요와 목표에도 매우 유용할 것이다. 만약 내가 아웃워드 마인드셋을 갖고 있다면 조직의 성공을 위해서는 나의 성과뿐 아니라 로리의 성과도 영향을 미친다는 것을 알기에 동료를 도와야 할 책임을 느낄 것이다. 내가 가진 정보가 로리에게 도움이 된다는 것을 알면 그녀와 정보를 공유하고자 할 것이다.

하지만 꼭 그럴 필요는 없다. 다른 선택을 할 수도 있는 것이다. 이 정보를 공유하지 않기로 선택한다면 어떻게 될까? 나의 마인드셋에 어떤 일이 일어날 것이라고 생각하는가?

만약 예전에 로리가 나를 곤경에 빠뜨린 적이 있었다면 어떻게 할 것인가? 그녀에게 정보를 공유하지 않겠다고 생각하면서, 그녀가 과거에 나를 돕지 않았던 때를 되짚어볼 거라 생각하는가? 만약 그녀에게 상대방을 귀찮게 하는 습관이 있다면 어떻게 될까? 로리가 나를 얼마나 성가시게 할지 생각할 거라고 보는가?

내가 로리를 잘 모르는 경우를 생각해보자. 그녀를 모르기에 그녀가 정말로 어떤 사람일지는 상상의 여지가 많다. 로리의 모습을 어떻다고 생각할 때 내가 정보를 공유하지 않는 것이 정당화되기 쉬울까? 성실한 사람, 아니면 게으른 사람? 믿을 만한 사람, 아니면 믿을 수 없는 사람? 협조적인 사람, 아니면 비협조적인 사람?

내부지향적인 마인드셋으로는 로리를 왜곡된 방법으로 보게 된다. 그래야 내가 그녀를 돕지 않는 이유를 정당화하는 데 도움이 되기 때문이다. 그녀에 대한 모든 것, 모든 상황이 정당화를 위해 집중된다. '로리가 날 도와주지 않아. 그리고 그녀는 정말 성가신 사람이야. 믿을 수도 없어. 그런 사람은 저렇게 이상한 눈초리로 쳐다보지. 게다가 자기가 더 열심히 일했다면 스스로 정보를 발견했겠지. 게으름에 보상해줄 수는 없어. 그건 회사에도 좋지 않을 거야. 내가 이걸 로리와 공유하는 건 실수를 범하는 일일 거야.' 이러한 혼잣말과 로리에 대한 생각은 내가 선택한 사고방식을 정당화시킨다.

이것은 크리스가 그의 아버지를 바라보는 관점과 비슷하다. 크리스가 내부지향적인 마인드셋으로 바라봤을 때 크리스의 삶에서 일이 꼬이는 건 무조건 아버지 탓이었다. 크리스는 자기가 처한 상황 속에서 스스로가 최선을 다하고 있다고 느꼈다.

크리스가 자신의 어려움으로부터 아버지의 어려움으로 관심을 돌리기 시작했을 때 변화는 시작되었다. 그의 상황에서 이것은 절대 쉬운 일이 아니었다. 하지만 그는 마침내 아버지를 주목할 수 있게 되었다. 아버지를 탓하기 위해서가 아니라 아버지를 이해하기 위한 마음에서였다. 그렇기에 크리스는 자신을 가두어왔던 어둡고 편협한 삶으로부터 빠져나올 수 있었다.

당신의 상황을 한번 생각해보라. 크리스의 경우, 여러 해 동안 아버지의 필요와 무거운 짐과 어려움을 받아들이려 하지 않았다. 당신의 직장이나 가정에서 그들의 요구, 목표, 어려운 상황을 묵과하는 경우가 있는가? 반면, 당신의 마음이 상대방을 향해 열려 있고, 그들에 대해 궁금해하며 관심을 가지는 사람들은 누구인가?

이러한 관계들을 비교해볼 때, 당신이 어떻게 느끼고 행동하는지 차이를 알 수 있는가? 다른 사람을 탓하거나 혹은 스스로를 정당화해서 믿고 있는 사실을 발견할 수 있는가? 어떠한 관계 속에서 남을 탓하거나 스스로를 정당화시키는 이야기를 만들어내는가? 그들의 필요와 목표와 어려움에 대해 당신이 관심을 기울이고 있는 사람들인가? 아니면 당신이 무관심한 사람들인가?

크리스의 경험을 통해 우리 삶의 곤란한 문제의 대부분은 우리가 '보기'를 거부하고 있는 사람들과의 관계에서 일어난다는 것을 알 수 있다. 이는 굉장히 희망적인 일이다. 크리스처럼 우리도 다른 사람들과의 관계를 어렵게 만드는 왜곡된 시각을 벗어버릴 수 있다는 것을 뜻하기 때문이다. 우리는 저항하기를 멈출 수 있다.

Chapter 6

내부지향성의 유혹

앞 장에서 우리는 타인의 필요와 목표를 무시하기로 선택한 사람들이 어떻게 그 선택을 정당화하는 방법을 찾으려 하는지에 대해 얘기했다. 그렇게 정당화하기 위해 시간과 에너지를 소비하는 사람들은 조직 전체의 성과를 포기하는 것과 마찬가지다. 정당성을 찾는 노력은 에너지 낭비이고 시간 낭비이며 부서 이기주의를 만연하게 하는, 조직의 문제를 가장 악화시키는 요소이다.

　다음의 [도표9]는 직장 문제의 근원이 되는 인워드 마인드셋을 설명한다.

　사람들은 보통, 어떤 사람들에게는 인워드 마인드셋으로, 어떤 사람들에게는 아웃워드 마인드셋으로 대하는데, 단순화를 위해 이

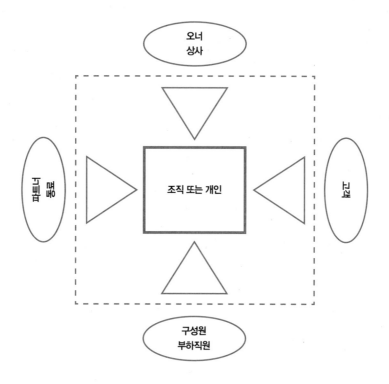

도표는 직장에서 모든 관계에 대해 내부지향적인 마인드셋으로만 일하는 사람에 대해 설명한다. (다른 맥락에서도 이 도표를 사용할 수 있다. 개인의 삶에 적용하려면 각각 다른 인간관계 그룹으로 대체하거나 당신의 삶에서 중요한 사람들의 이름을 넣으면 된다.)

인워드 마인드셋으로는 자신의 목표를 달성하기 위해 다른 사람들로부터 얻을 수 있는 것에 집중한다. 고객, 직속 부하직원, 동료, 상사, 아니면 자녀, 배우자, 또는 이웃들로부터 자신이 필요로 하는 것에 집중한다. 그는 가장 우선적으로 자기가 타인에게 미칠 영향보다 타인이 자신에게 어떤 영향을 미칠지에 대해 걱정한다. 이 도표에서는 이러한 현실을 타인의 필요와 목표, 어려움을 빼놓고 삼각형이 안쪽을 향하도록 담아냈다. 인워드 마인드셋으로 점철된 사람들은 다른 사람들의 필요와 목표, 어려움을 무시하기 때문에 자신의 상황에 맞춰 자기 자신에게만 집중하는 것을 정당화시킬 수 있는 방식으로 일을 한다.

하지만 인워드 마인드셋에 고착된 유형은 개인 차원에만 국한되지 않는다. 조직 전체가 내부지향성의 유혹에 빠져 심각한 결과를 초래할 수 있다.

이러한 마인드셋이 개인이나 조직에서 어떠한 모습으로 나타나는지 설명하기 위해 아빈저연구소에서 두 사례를 들려주고자 한다. 첫 번째 이야기는 한 개인이 내부지향성에 굴복하기가 얼마나 쉬운지에 대한 이야기이고, 두 번째 이야기는 조직이 어떻게 내부지향적이 되는지에 대한 것이다.

첫 번째 이야기는 몇 년 전 아빈저연구소가 설립된 지 얼마 되지 않았을 때 일어난 일로, 우리에 대해 아는 사람이 거의 없었던 시기의 일이다. 우리는 큰 규모의 조직문화 프로젝트를 위한 제안서를 만들기 위해 수많은 시간을 투자했다. 잠재 고객사에 제안서를 보낸 그 날 오후, 우리는 서로를 바라보며 다음에 할 일은 무엇인지 생각했봤다. 우리 중 한 명이 말했다. "아무 생각도 떠오르지 않네요. 수영이나 하러 갑시다." 그렇게 가서 수영을 하고 긍정적인 답이 오기를 기다렸다.

몇 주가 지나 우리는 최종 심사에 오른 3사 중 하나로 선정됐다는 통보를 받았다. 다른 두 경쟁사는 당시 가장 잘 알려진 컨설팅 회사들이었다. 고객사는 최종 심사에 오른 각 3사에게 이사회 앞에서 두 시간 동안 각자의 접근법에 대해 프레젠테이션을 하도록 한 후 최종 업체를 결정하겠다고 통보했다. 그런데 고객사의 인사담당(HR) 부문 부사장이 유명한 두 회사 중 하나가 선정되면 상관없지만 전혀 모르는 회사를 선정하고 나서 혹여 프로젝트에 실패하면 감당하기 힘들 거라 했다는 소문이 들렸다. 어떤 반대 의견이 있을지 어느 정도 예상이 되었다.

대기실에서 순서를 기다리는 동안, 우리는 무척 긴장했다. 골프의 거장 리 트레비노가 "한 번의 퍼트로 상금이 결정되는 퍼트가 가장 힘들다."라고 한 말이 무슨 말인지 이해가 됐다. 우리는 배후에 있는 고객과의 관계를 바라보았기 때문에, 우리 스스로를 걱정하고 있었다. 우리는 그들의 돈이 필요했기에 긴장됐고, 이 프레젠테이션을 잘 해내지 않으면 아무것도 받을 게 없을 것이기에 두려웠다. 우리 마음에 있는 목표는 고객의 목표가 아니라 우리의 목표였다. 회사 내 문화를 변화시키기 위해 아웃워드 마인드셋 접근법에 대해 프레젠테이션을 하려고 하는데, 우리 자신들의 마음이 내부지향적이었던 것이다.

다행스럽게도, 우리 중 한 사람이 이 상황을 파악하고는 이렇게 말했다. "자, 우리가 이럴 순 없어요. 우리가 이 계약을 성사시킬 수 있을지는 알 수 없습니다. 그건 우리의 결정 밖이에요. 하지만 이 열다섯 명 앞에서 두 시간이 있다는 건 압니다. 이 시간이 어쩌면 이 회사와 이 사람들과 함께 보낼 처음이자 마지막 시간이 될지도 모릅니다. 그러니까 이 두 시간 동안 이 회사에 가장 많은 도움을 주는 데 집중하기로 하는 건 어떨까요?"

이 말이, 우리를 구해주었다. 우리는 마침내 이 계약을 따내는 승자로 판명났다. 회상해보니 이 계약을 성사시킨 일은 아빈저가 설립 초기에 성장할 수 있었던 가장 중요한 계약이었다. 아이러니컬하게도, 우리가 회사의 수익에 대해 마음을 비웠을 때 가장 회사를 이롭게 했다. 만약 계속해서 인워드 마인드셋으로 일했다면 고객과 우리 회사 모두에게 도움이 되지 않았을 것이다.

해를 거듭하면서, 우리 회사는 처음 그 대기실의 상황에서 우리가 했던 질문들을 기억하려고 힘썼다. 우리는 누구의 필요와 목표를 가장 중시하고 집중해야 하는가? 고객들인가 아니면 우리인가? 이렇게 했음에도 불구하고 수년이 흐르자 부지불식간에 우리 사업의 가장 핵심적인 영역에 인워드 마인드셋이 자리잡고 있다는 것을 발견했다.

고객사 사람들이 우리의 워크숍을 잘 운영할 수 있도록 이끌어 고객사 조직 내에 아웃워드 마인드셋 전략을 실행하도록 돕는 것이 우리 업무의 중요한 부분이다. 우리는 항상 고객사 사람들에게 교육을 제공하고 워크숍 준비를 돕는 일을 즐겁게 해왔다. 그리고 이 부문에서 우리가 아주 잘 하고 있다고 오랫동안 믿어왔다.

그러나 우리의 이런 믿음에 의문이 생겼다. 우리는 고객사 내부의 전문가들을 훈련하고 준비시키는 일을 열심히 했지만, 실상 그들의 숙련도를 높이는 것에만 집중하고 있다는 것을 깨달았다. 물론 그들이 능숙해지는 것은 중요한 일이며, 우리는 계속 그렇게 해야 한다. 하지만 우리는 더 중요한 무엇인가를 많이 놓치고 있다는 것을 깨닫게 됐다. 그들이 속한 조직의 필요와 목표, 어려움에 충분히 주의를 기울이지 않았던 것이다.

고객사 내부 전문가들이 회사를 어떻게 도우면 좋을지에 대해 고객사가 바라는 것을 이해하는 데 충분한 노력을 기울이지 않았기에, 우리가 정말 그들에게 도움이 되는지 알 방법이 없었다. 내부 파트너들로부터 높은 만족도를 얻었다고 해서 우리가 이 조직의 목표를 잘 달성하도록 도움을 준다는 의미는 아니었다.

수년 전 그 대기실에서 그랬던 것처럼, 우리가 얼마나 조직적으로 내부지향적으로 전환되고 있었는지를 전혀 모르고 있었던 것이다. 우리가 하는 일에 대한 질적 우수성에만 집착해서 고객사가 우리로부터 과연 어떤 도움을 받고 있는지를 간과했다. 이를 깨닫자, 우리가 하는 많은 일에 질문을 던지게 됐다. 그리고 우리 사업의 상당 부분을 재편하게 됐다. 우리 사업 구조가 어떻게 되어 있는지, 우리의 시간과 자원을 어디에 사용하고 있는지, 고객사와의 계약 과정, 우리가 제공하는 서비스, 경영지표와 회사 목표를 다시 한 번 들여다본 것이다. 우리는 우리의 고객이 되어 보기로 했고, 개인과 조직 속에 몰래 스며들어와 모두의 노력을 헛되게 만드는 내부지향성을 뿌리 뽑기 위해 고객들에게 사용했던 아이디어를 우리 자신에게 적용했다.

우리가 인워드 마인드셋을 갖게 된 사실을 간과해버린 이유 중 하나는 여기에 있다. 아웃워드 마인드셋처럼 보이는 인워드 마인드셋 스타일을 받아들였기 때문이다. [도표10]은 개인과 조직에 모두 나타나는 '아웃워드처럼 보이는' 인워드 마인드셋 스타일을 표현했다.

[도표7]의 아웃워드 마인드셋과 같이, 이 도표의 삼각형이 외부를 향하는 것을 주목해보라. 하지만 아웃워드 마인드셋과 대조적으로 [도표10]에서는 타인의 필요와 목표, 어려움은 빠져 있다. 이렇게 내부지향적으로 운영되는 조직이나 사람들이 자신을 위해서가 아니라 타인을 위해서 일한다고 느낄지라도 그들은 고객사, 또는 상대방의 필요와 목표, 어려움에 관심을 갖고 있지 않다. 이들이 고객사의 필요와 목표, 어려움에 대해 민감하지 않고 관심이 없다

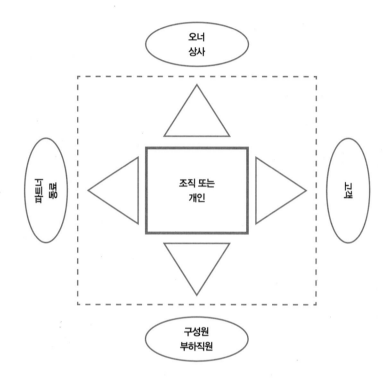

면 과연 누구를 위해 일하는 것일까?

이 질문이 우리 아빈저 직원들이 스스로에게 던져야 하는 질문이었다. 어떻게 보면, 과거에 그 대기실에서 봤던 우리의 모습을 또 발견했고, 같은 질문을 던졌다. 우리가 가장 중요하게 생각하고 고려해야 할 대상은 누구인가? 누구의 필요와 목표를 가장 중시해야 하는가? 우리인가 아니면 고객사인가?

고객들과 함께 일하면서 알게 된 사실은, 이러한 방식의 인워드 마인드셋이 인워드한 상태의 조직이나 사람들이 실제 내부에서 느끼는 경험을 잘 나타내준다는 점이다. 삼각형이 내부를 향하는 인워드 마인드셋 도표에서 보여주는 것처럼, 그들은 스스로를 자기중심적이라고 느끼지 않는다. 그들은 타인을 위해 늘 좋은 일을 한다고 느끼고, 실제로 외부를 향한다고 생각한다. 다음 이야기에 나오는 조 바틀리가 느낀 것처럼 말이다. 조가 딸 애나로부터 진실을 깨닫기 전까지 스스로에 대해 느꼈던 것이 바로 그것이다.

조가 딸들을 침대에서 재우고 있던 어느 날 밤이었다. 네 살짜리 딸 사라를 먼저 재우고 여섯 살인 애나를 재우기 위해 몸을 돌렸다. 애나는 아빠에게 등을 돌려 벽을 향해 몸을 숙이고 있었다. 조는 딸에게 이불을 덮어주기 위해 몸을 기울였다. 그러고 나서 아들 제이콥의 숙제를 도와주기 위해 일어나려 하는데 애나가 뭔가 속삭이듯 말하는 것을 들었다. 뭐라고 말했는지 잘은 알 수 없었지만, 뭔가를 아빠에게 속삭이고 있었다. "애나, 뭐라고 했니?" 조가 딸아이의 말을 들으려고 몸을 숙였다.

"아빠는 오빠를 사랑하는 것만큼 나를 사랑하지 않아요." 애나가 들릴까 말까 하는 소리로 다시 말했다.

조는 그 순간 몸이 굳었다. 애나가 뭔가 정말 상처를 받았다는 것을 직감했다. "아빠가 애나를 얼마나 많이 사랑하는데……." 조는 딸을 안심시키려 했다.

"아니에요. 그렇지 않아요" 딸이 대답했다.

조는 잠시 멈추었다. 그리고 마침내 이유를 물어보았다. "왜 그런 말을 하는 걸까?"

애나는 여전히 등을 돌린 채 대답했다. "아빠는 오빠랑 노는 것처럼 나랑 놀아주지 않아요."

"아빠는 똑같이 놀아주고 있단다. 매일 밤 아빠가 회사에서 돌아오면 우리는 다 같이 농구를 하러 나가잖니?" 조가 말했다.

"나는 농구가 싫어요." 애나가 속삭였다.

오늘날까지 조는 자주 이때의 경험을 곰곰이 생각해본다. "제 딸이 농구를 싫어한다는 것도 알지 못한 저는 대체 어떤 아빠였을까요? 사실 저는 농구를 좋아했고 제가 좋아하는 것을 아이들과 함께 하니까 스스로 꽤 아이들을 잘 돌보고 있다고 생각했습니다. 하지만 애나는 제가 아이들을 제대로 바라보지 않는다는 것을 깨닫게 해주었습니다. 저는 제가 아이들과 함께 하고 싶은 것을 하고 있었습니다. 아이들이 무엇을 원하는지 주목하지 않았습니다. 겉으로는 친절하고 아이들과 재미있게 놀아주었지만 실제로는 내부지향적인 마인드셋을 가진 아빠였습니다."

이것은 사람들이 쉽게 걸리는 덫이다. 특히 의료서비스나 서비스업에 종사하는 사람들, 교육자, 상담가, 그리고 가정에서 아이를 돌보는 사람 등 주로 타인을 위해 일하는 사람일수록 더 그렇다.

인워드 마인드셋으로 치르게 되는 대가는 무엇인가? 자신이 미치는 영향에 집중하는 것이 아니라 자기 자신에게 중점을 둠으로써 잘못된 일에 노력과 활동을 낭비하게 된다. 협력 부재 시 혁신은 아주 미미한 수준에 그치게 된다. 그리고 직원들에게 인워드 마인드셋의 생각과 행동을 야기함으로써 그들은 일에 흥미를 느끼지 못하고 소극적으로 임하게 된다.

다음 장에서는 아웃워드 마인드셋을 가지고 일하는 사람들이 인워드 마인드셋의 결과로 발생하는 수많은 문제들로부터 어떻게 벗어날 수 있는지 알아보겠다.

Chapter 7

아웃워드 마인드셋의 솔루션

당신의 인생에서 가장 활기 넘치고 적극적으로 일했던 시기를 떠올려보라. 그때 당신이 누구를 위해 일했고 어디에 집중했었는지 생각해보라. 당신 자신인가, 아니면 다른 사람들을 포함한 다른 것이었나?

　미국 해군의 엘리트 특수부대에서 오랫동안 특수부대장을 지낸 로브 뉴슨 대령은 이 질문에 대해 흥미로운 통찰을 제공했다. 그는 이 특수부대의 자격훈련을 성공적으로 통과한 사람들과 그렇지 않은 사람들을 비교하여 묘사하였다. 특수부대 후보생들은 중간에 그만두고 싶으면 그들이 훈련받는 장소에 있는 종을 울려 언제든지 그만둘 수 있었다. "저는 확실하게 말할 수 있습니다. 중도에 그만두는 사람들이 종을 울리려고 발걸음을 옮길 때, 그들은 임무와 동료에 대해 생각하기를 멈추고 자기 자신을 우선적으로 생각하기 시작합니다. 임무와 동료들에 집중하는 한, 그들은 모든 것을 이겨낼 수 있습니다. 하지만 자기 자신만 들여다보며 자기가 얼마나 춥고 축축하고 피곤한 상황에 있는지에만 집착하는 순간, 그들이 생각하는 것은 종을 울릴지 말지가 아니라 언제 종을 울릴 것인가입니다." 뉴슨 대령이 말했다.

뉴슨 대령이 세상에서 가장 혹독하다고 알려진 이 훈련부대에서 성공적으로 훈련을 마치고자 하는 사람들에게 주는 조언은 다음과 같다. 첫째로 임무에 집중하고, 둘째로 동료들에게 집중하라는 것이다. 다음 도표에서 말하는 것처럼 그의 처방은, 바로 아웃워드 마인드셋이다.

[도표11]은 아웃워드 마인드셋으로 일하는 사람들의 방식을 보여준다. 우리 고객사들은 네 가지 기본적인 방향, 즉 고객, 직속 부하직원, 동료와 상사에 대해 외부지향적으로 생각하는 것이 유익하다는 것을 깨달았다.

이 방식으로 일하는 사람은 자기가 책임감을 갖고 일해야 할 사람들의 필요와 목표, 어려움에 민감하고 관심을 갖고 있다. 외부를 향하는 삼각형은 그 사람의 목표와 행동이 다른 사람들의 필요와 목표, 어려움을 중시한다는 것을 나타낸다. 뉴슨 대령이 조언하는 것처럼, 이 사람은 자기 자신보다 더 넓은 무엇인가를 향해 집중하

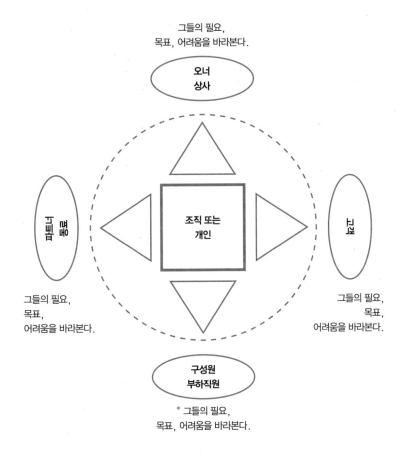

그들의 필요,
목표, 어려움을 바라본다.

오너
상사

조직 또는
개인

파트너

고객

그들의 필요,
목표,
어려움을 바라본다.

그들의 필요,
목표,
어려움을 바라본다.

구성원
부하직원

* 그들의 필요,
목표, 어려움을 바라본다.

* See their needs, objectives, challenges.

고 있다. 조직 전체의 목표에 자신이 아주 핵심적으로 기여하고 있
다는 생각을 갖고 있는 것이다. 이런 방식으로 자신의 역할에 대해

생각하려면 자신보다 타인을 향해 집중해야 한다.

아웃워드 마인드셋 접근법이 가지는 힘은 한 채권추심업체가 혁신적으로 이룬 성과를 통해서도 알 수 있다. 이 회사는 '조직에서의 아웃워드 마인드셋'에 나타난 방법으로 전체 임무와 전략을 수행했다. 이 회사는 오클라호마 주 털사에 본사를 둔 'CFS2'라는 회사다.

빌 바트만은 CFS2 사의 CEO로서 어려운 시절을 겪어온 사람이다. 자신이 채권추심업체로부터 괴롭힘을 당한 경험이 있었기 때문에 다른 방식으로 일하는 채권추심업체를 만들고 싶었다. 말하자면, 외부지향적으로 말이다.

빌과 그 회사는 채무자들을 존중하고 존엄성을 훼손하지 않는 태도로 대하는 데 집중했다. 그들은 고객들이 '갚을 돈이 부족하다'는 명확한 전제 하에 운영했다. 일반적으로, 채권추심업체들은 채무자에게서 받아낼 수 있는 모든 것을 얻기 위해 협박하는, 전형적인 인워드 마인드셋 접근법을 사용한다고 볼 수 있다. 반면 아웃워드 마인드셋 접근법은 채무자들에 대해 생각하고 그들이 어떤 어려움을 겪고 있는지에 대해 생각하는 방식에서 출발한다. 이 접근법으로 일하는 사람은 채무자들이 직면한 어려움에 민감하고 관심이 있다. 그리고 이들의 어려움을 돕는 것이 그들의 임무다.

이 접근법으로 빌 바트만과 직원들은 채무자들을 쥐어짜서 빚을 갚게 하는 것이 아니라 그들이 어떻게 돈을 벌 수 있을지를 모색

함으로써 채권을 회수했다. 빌은 모든 직원들에게 그들의 고객들이 어떻게 하면 일자리를 가질 수 있을지 아이디어를 내게 하고 실험하기 시작했다. 처음에는 고객들에게 무슨 일을 할 수 있을지 조언하고 제안했다. 하지만 이것은 별로 큰 도움이 되지 않는 것 같았다. 어떻게 하면 도움을 줄 수 있을지 직원들이 모두 의견을 모아 회의를 하던 중 한 직원이 다음과 같은 의견을 제안했다. "이들은 너무나 지쳐 있어서 조금이라도 더 힘든 일을 스스로 한다는 건 어려울 것 같아요."[4]

그래서 CFS2 사의 직원들은 고객들을 위해 이력서를 작성하기 시작했다. 그들을 위해 구인란을 찾아보기 시작했고 지원서 작성을 도와주고 면접 날짜도 잡아줬다. 그리고 실전에 대비하기 위해 모의 면접 준비를 시켰다. 심지어 그들이 면접 당일에 늦잠을 자지 않도록 모닝콜을 해주기까지 했다.

이를 기점으로 하여, 그들은 다른 방식으로 채무자들을 돕기 시작했다. 고객들의 생활에서 발생하는 어떤 골칫거리도 그들에게 도움을 줄 수 있는 기회가 되었다. 〈하버드 비즈니스 리뷰Harvard Business Review〉 지와의 인터뷰에서 빌은 고객들이 얼마나 다양한 도움을 요청하는지에 대해 이야기했다.[5] 저소득층을 위한 식료품 할인 쿠폰, 아이 돌보기, 집안일 돕기 등 수많은 일들에 대한 요청이 들어온다. CFS2 사는 사람들의 이런 필요뿐 아니라 수많은 다른 문제에 대해 도움을 줄 수 있는 조직이 아주 많다는 것을 파악하고 고객들의 필요를 만족시키기 위해 연결해준다. 그리고 이 일들을 무상으로 제공한다. 실제로 빌은 직원들의 채권 회수 실적이 아닌, 직원들이 고객에게 제공한 무료 서비스 실적에 따른 보상 체계를 시행했다.

인워드 마인드셋의 관점으로는 이 모든 것이 다 말도 안 되는 것처럼 보인다. 하지만 결과를 보면 이 방법이 옳다는 것이 증명된다. 이 업계에서 3년 동안 CFS2 사의 채권 회수율은 동종업계 내 다른 회사들의 두 배나 됐다.[6] 고객들은 이 회사로부터 도움을 얻었다고 생각한다. 심지어 이 회사로 인해 자신들이 재정 위기에서 구제됐다고 느낀다. 이전에는 없었던 돈이 생겼기 때문에 CFS2 사에 빚을 갚을 수 있는 원천이 생긴 것이다. 그리고 실제로 빚을 갚았다. 그들은 CFS2 사를 자신들의 파트너 이상으로, 심지어 친구로 여기고 돈을 갚고자 하는 마음이 생겼다.

이 이야기는 아웃워드 마인드셋 접근법으로 어떻게 회사 전체가 합심하여 고객을 위해 일할 수 있는지를 보여준다. 단지 상품이나 서비스만을 고객에게 제공하는 것이 아니라, 고객의 필요를 충족시키기 위해 끊임없이 쇄신하며 고객이 자신들의 목표를 스스로 이룰 수 있도록 돕는다. 인워드 마인드셋을 가진 사람들과 조직은 '일'을 한다. 아웃워드 마인드셋을 가진 사람들은 '다른 사람들'이 일할 수 있도록 돕는다.

CFS2 사의 경우는 고객에게 아웃워드 마인드셋 접근법을 적용한 좋은 사례다. 같은 접근법을 조직 내부에서 동료나 직속 부하직원이나 상사에게 적용할 수 있다.

미국 프로농구리그NBA의 오랜 강호 샌안토니오 스퍼스San Antonio Spurs 팀의 이야기를 생각해보자. 많은 이들이 오래전부터 스퍼스 팀이 하향세로 접어들 것이라고 예측했지만 그들은 여전히 NBA에서 우세하다. 핵심 선수들이 나이가 들어가고, 매년 이적하는 선수들이 많아지고, 도전 팀들이 쓰러지고 일어났다 다시 쓰러지기를 반복하는 가운데 이들은 여전히 건재하다.

스퍼스와 시합을 한다는 것은 다이내믹하고 적응력이 뛰어난 아웃워드 마인드셋이라는 유기체와 시합하는 것과 다름없다. '유기체'라고 한 이유는 그들은 서로에 대해 너무나 잘 알고 있어서 마치 하나의 존재로 움직이는 것처럼 보이기 때문이다. 그들이 시합하는 장면을 보면 어느 한 선수의 손에 공이 '붙어' 있는 것을 보지 못할 것이다. 골을 넣기에 더 유리한 곳이 생긴다면 공은 바로 그쪽으로 간다. 농구 코트 위에서 선수 개인의 영광을 위해 최선의 플레이를 가로막는 어떠한 이기주의도 찾아볼 수 없다.

스퍼스 팀은 선수들에게 어떤 종류의 자질을 요구하는지에 관한 질문을 받았을 때, 그렉 포포비치 코치는 "자기 자신을 극복해본 적이 있는 선수를 찾습니다."라고 답했다.[7]

〈폭스 비즈니스Fox Business〉지는 기사에서 위의 말을 인용하면서,

스퍼스 팀의 문화가 얼마나 중요하고 경쟁력 있는 이점을 가지는지에 대해 다룬 적이 있다.[8] 기자는 스퍼스의 성공 요인으로 네 가지를 꼽았다. (1)자기를 버리고 팀워크를 중시하는 선수를 뽑고, 그렇게 육성한다. 그렉 포포비치 감독은 이것을 '관계의 탁월함 relationship excellence'이라 부른다. (2)선수들과 스태프들을 사람으로 여기고 돌본다. (3)선수들과 스태프에게 발언권을 준다. (4)관계의 탁월함으로 탁월한 성과를 추구한다.

감독은 이렇게 말한다. "우리 팀 규율은 잘 서 있습니다. 하지만 그것으로는 불충분해요. 사람들과의 관계가 전부입니다. 선수들에게 마음을 쓰고 있다는 것을 그들이 깨닫도록 해야 합니다. 그들 또한 서로에게 마음을 써야 하고 서로에게 관심을 가져야 합니다."[9]

서로에 대해 이렇게 헌신하는 상태에서 스퍼스 선수들은 역량을 강화하려는 책임감이 고조되고 최상의 상태를 유지하며 뛸 수 있게 된다. 왜일까? 동료 선수들이 서로에게 요구하는 것이 바로 이것이기 때문이다. 선수들은 동료 선수들이 기량을 힘껏 발휘하기를 원한다. 외부지향적인 마인드셋으로 선수들은 서로가 더 나은 상태가 되도록 도우려는 책임감을 느끼게 된다. 다른 선수들이 최선을 다하기 때문에 자신도 그래야 한다는 마음의 빚이 생기는 것이다.

이 기사를 쓴 기자는 이렇게 말한다. "포포비치 감독은 관계의 탁월함이 없는 탁월한 과업이나 우수한 결과는 불안정한 기반 위에 형성되었다고 생각한다. 포포비치 감독은 팀 내에서 관계의 탁월함을 의도적으로 개발하고자 하기 때문에 스퍼스는 탁월한 성적과 우수한 성과를 지속적으로 낼 수 있다."[10]

스퍼스 팀의 코치들과 선수들은, 사람들은 자기 혼자 힘을 내고 의지를 가질 때보다 함께할 때 훨씬 더 훌륭한 일을 해낼 수 있다는 것을 증명한다. 왜냐하면 그들은 자신보다 더 커다란 무엇인가를 위해 혼신을 다하기 때문이다. 바로 조직과 서로를 위해 각자가 최선을 다하는 것이다. 스퍼스라는 조직은 구단주와 감독에서부터 선수들에 이르기까지 모든 구성원이 '서로' 성공할 수 있도록 돕는다. 사실 자기 자신의 성공에만 관심을 가진 사람이 대부분인 팀들이 아주 많다. 각 개인이 자신의 성공만큼이나 동료들의 성공에 관심을 갖지 않는 한 스퍼스처럼 지속적으로 성공을 유지하는 수준에 도달하기는 어려울 것이다.

지금까지 우리는 내부지향적인 마인드셋이 대인관계와 조직에서 어떻게 나타나는지를 알아보고 이와는 아주 다른 접근법인 아웃워드 마인드셋에 대해 살펴보았다. 다음 3부에서는 검증된 방법론을 통해 인워드 마인드셋에서 아웃워드 마인드셋으로 전환하는 방법을 살펴보겠다.

PART 3

아웃워드 마인드셋으로
전환하기

Chapter 8

아웃워드 마인드셋의 패턴

앞서 7장에서 개인의 역할과 직장(또는 다른 분야)에서의 책임감에 대해 아웃워드 마인드셋으로 생각하는 방법을 소개했다. 이렇게 일하는 방식은 자신이 책임감을 가져야 할 사람의 필요와 목표, 어려움을 향해 집중한다는 것을 특징으로 한다. 그리고 '조직에서의 아웃워드 마인드셋' 도표를 통해 아웃워드 마인드셋 접근법에 대해 소개한 것을 기억할 것이다. 여기에 아웃워드 마인드셋 패턴을 추가하면 〔도표12〕와 같다.

이 도표에 나타나듯이 아웃워드 마인드셋으로 일하는 사람은 팀원들, 고객들, 동료들, 상사들의 성과에 미칠 영향에 대해 책임감을 가진다. 그들은 조직 전체의 성과에 미칠 모든 영향에 대해 자신들

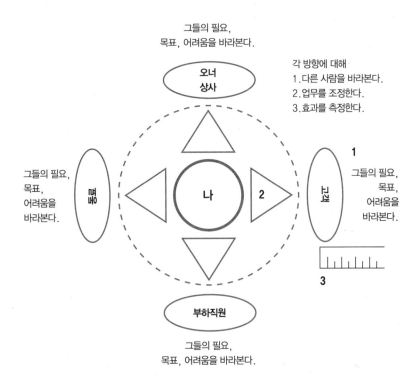

에게 책임이 있다고 생각한다. 이 방식으로 일관되게 일한 사람들을 관찰하면서, 우리는 이들 사이에서 나타나는 하나의 패턴, 즉 그런 개인들이 증명하는 업무 방식을 발견했다.

(1) 그들은 다른 이들의 필요, 목표, 어려움을 본다.

(2) 그들은 다른 사람들에게 더욱 도움이 되기 위해 자신의 노력을 조정해나간다.

(3) 그들은 다른 사람들을 위해 한 일의 효과를 책임감을 가지고 측정한다.

이 세 단계를 밟아나가는 것은 아웃워드 마인드셋으로 일하는 방법을 실행하고 유지하기 위한 실용적인 접근법이다. 이 패턴은 한마디로 'SAM'이라는 약자로 기억하면 용이할 것이다. '다른 사람을 바라본다(See others)', '업무를 조정한다(Adjust efforts)', '효과를 측정한다(Measure impact)'가 그것이다.

포드자동차 회사가 흑자 전환한 시점에서 이 패턴이 발휘하는 힘을 확인할 수 있다. 이 흑자 전환은 새로운 CEO 앨런 멀랠리가 취임하면서 시작됐다.

37년간 보잉Boeing 사에서 일한 멀랠리는 보잉 사가 상용 여객기 사업을 흑자 전환하는 데 아주 중요한 역할을 했다. 아이오와 태생인 그는 낯을 가리는 듯하면서도 상대방의 마음을 열게 만드는 동시에 흔들리지 않는 인내심으로 팀워크를 꾸려나가는 데 타고난 재능이 있었다. 그는 2006년 9월 포드자동차의 회장이자 CEO로 취임했다. 이 회사는 아주 절박한 상황이었다. 일 년에 170억 달러(

약 19조 원)씩 손실을 보는 상황이었고, 마지막 희망으로 남아 있는 모든 것을 앨런 멀랠리에게 맡겼다.[11]

멀랠리는 취임 후 얼마 지나지 않아 포드에 있는 어느 누구도 회사의 문제에 책임감을 느끼고 있지 않다는 것을 알게 됐다. 이 상황은 일반적인 조직에서 나타나는 것과 마찬가지로 사람들이 자신이 속한 조직에 대해 매기는 점수보다 자신에 대해서는 더 너그럽게 점수를 주는 양상이었다. 포드는 매년 170억 달러의 손해를 보고 있었지만 회사 직원들은 각자 자신은 잘 하고 있다고 믿고 있었다.

멀랠리는 보잉 사에서 굉장히 성공적이었던 경영 접근법을 실행하였다. 매주 두 개의 회의를 진행하는 구조를 통해 이끌었다. 하나는 '사업 계획 검토', 혹은 포드 내에서 'BPR(Business Plan Review)'이라고 불리는 회의다. 이 회의는 매주 목요일 아침에 열린다. BPR 직후에는 리더들이 다시 모여 두 번째 회의를 갖는다. 이것은 '심층 검토', 혹은 'SAR(Special Attention Review)'이다. 이 회의는 BPR에서 파악된 문제에 대해 전략적인 해결책을 모색하는 회의다.

멀랠리는 경영진에게 BPR에 들어올 때 회사의 계획에 대비해 자기가 맡은 사업 분야가 어느 정도 성과를 냈는지 보여주는 차트를 준비해 오도록 했다. 그 차트에는 진척 정도에 따라 색깔을 구분하도록 했다. 계획대로 잘 진행되고 있으면 초록색, 계획 이행에 리스크가 있으면 노란색, 계획에 차질이 생겼으면 빨간색으로 표기하도록 했다. 지난주와 달라진 점이 있으면 파란색으로 표기했다. 참석자 본인이 아닌 다른 직원이 대신 발표하는 일은 불가능했다. 임원들 개개인이 자신이 맡고 있는 사업 부분에 책임져야 했다. "이렇게 해야만 우리 사업이 어떻게 운영되고 있는지 알 수 있습니다. 다른 방법은 없어요." 멀랠리는 BPR 회의를 시작하면서 이렇게 설명했다. "모든 사람이 다 참여해야 합니다. 우리는 계획이 있어야 합니다. 그리고 우리가 그 계획의 어디쯤에 와 있는지 알아야 합니다."[12] 멀랠리는 회의실 벽에 게시하도록 한 BPR 수칙 10가지를 가리켰다.[13]

- 사람이 가장 우선이다.
- 모든 사람이 참여해야 한다.
- 강력한 비전이 있어야 한다.
- 명확한 성과 목표가 있어야 한다.
- 하나의 계획이 있어야 한다.
- 사실과 데이터에 근거해야 한다.
- '방법을 찾겠다'는 태도로 계획을 제안한다.
- 서로 존중하고, 경청하고, 도와주며, 감사한다.
- 감정 회복탄력성을 가진다. 그리고 프로세스를 믿는다.
- 서로와 함께하는 이 여정을 즐기고 재미를 느낀다.

대부분의 경영진은 멀랠리가 시작한 주간회의에 별로 열정적으로 참여하지 않았다. 심지어 도움도 안 되는 회의를 준비하느라 일이 더 늘었다고 불만이었고, 심지어 첫 번째 회의에서는 중간에 나간 사람도 있었다.[14] 하지만 모두가 임무를 완수해야 했기에, 다음 주 회의에도 차트를 준비해서 모였다. 회사는 엄청난 손실이 발생하고 있었지만 경영진이 들고 온 차트는 모두 초록색으로 표기되어 있었다.

회사 성과는 형편없는 상황인데 왜 모든 차트는 온통 초록색일까? 포드에서 자리를 유지하기 위해서는 실책은 용납되지 않았고 잘못을 범하면 자리를 떠나야 함을 의미했다. 그렇기 때문에 잘못한 사람은 아무도 없었다. '물론 회사의 성과는 저조해!'라고 경영진은 속으로 인정할 것이다. '하지만 나 때문은 아니야. 제이슨이나 베스나 아쉬 때문일지도 몰라. 하지만 나는 아니야. 난 적어도 그들보다는 더 좋은 성과를 내고 있지. 내가 아니었으면 이 회사는 훨씬 더 악화되었을 거야.'라고 생각했다.

멀랠리는 넘쳐나는 초록색 차트 때문에 고민이 됐지만, 그 때문에 놀라지는 않았다. 그는 이 회사에 새로 온 사람이고, 여기 팀들은 모두 그에 대해 확신이 없었다. 이해는 됐다. 하지만 회사가 살아나려면 이대로는 안 될 거라고 생각했다. 그는 매일 팀들과 함께 일하면서 진실을 드러내도 괜찮다는 것을 알려주고 싶었다. 하지만 2주가 지나도 여전히 차트는 온통 초록색이었다. 3주째 회의의 중반 즈음을 지나자, 멀랠리는 더 이상 볼 것도 없다고 생각했다.

"우리 회사는 올해도 수십억 달러의 손실이 발생할 겁니다." 그가 발표하는 사람의 말을 끊고는 이야기했다. "여기서 잘못되고 있는 건 정말 아무것도 없나요?"[15]

경영진은 긴장해서 회의실 책상만 바라봤다. 아무도 어떤 말도 하지 않았다.

일주일 후, 한 테스트 드라이버로부터 시운전 중인 신규 모델 차에 문제가 있다는 보고가 올라왔다. 그때는 새로운 포드 엣지Ford Edge가 캐나다 온타리오 주 오크빌로부터 운송되기 바로 직전이었다. 뒤 트렁크문의 구동장치(액추에이터)에 문제가 있었다. 마크 필즈는 결정을 내려야 했다.

필즈는 포드 사의 캐나다, 미국, 남아메리카 법인을 이끌었다. 만약 포드 사가 내부에서 신규 CEO를 선임했다면 멀랠리 대신 마크 필즈가 CEO가 됐을 것이다. 마크는 자신이 회사에 있을 날이 얼마 남지 않았다고 생각할 수밖에 없었다. 이런 상황에서, 필즈는 자신이 할 수 있는 방안을 따져봤다. '뒤 트렁크문에서 발생한 이번 문제는 어쩌면 일시적 오류일 수 있어. 차를 실어 보내도 아무 문제가 없을지도 몰라!'라고 생각했다. 하지만 만약 차량이 정상이 아니라면 굉장히 곤란한 일이 생길 것이다. 멀랠리는 포드에서 만들어지는 모든 것은 최고 수준이어야 한다고 요구하고 있었다. 반짝거리는 새 포드 엣지의 뒤 트렁크문 결함이 알려진다면 시장의 저항이 만만치 않을 것이다. 멀랠리에 대해 아직 잘 모르는 상황에서 필즈가 그런 도박을 할 수는 없었다. 그래서 필즈는 출시 일정을 연기하는 쪽으로 마음을 굳혔다.

하지만 여기에는 더 어려운 결정이 남아 있었다. 목요일에 있을 BPR에서 이 이야기를 해야 할 것인가? 다시 한 번 그는 자기가 할 수 있는 선택지를 따져봤다. '어쩌면 아무도 모르게 문제를 해결해서 차량들을 운송시킬 수도 있을 거야. 하지만 만약 일이 뜻대로 안 되면 어떡하지?' 이렇게 생각을 거듭하다 보니 아무래도 멀랠리와 동료들에게 진실을 말해야겠다는 생각에 이르렀다.

하지만 이런 식의 투명성은 당시 포드 사에서는 안전한 방법이 아니었다. 실제로 자신이 맡은 분야에서 발생한 어려움을 노출하는 것은 일자리를 잃는 치명적인 결과를 가져오곤 했다. 실수 하나로 모든 이의 웃음거리가 될 수 있는 곳이 여기다. 이들은 출세를 위해 치열하게 올라왔다. 만약 모두 운송을 해버리고 나서 자동차에 결함이 있다는 것이 알려지게 되면 그는 퇴출 대상 1호나 다름없었다. 하지만 그가 회의에서 마지막 영광을 불사르며 모든 사람에게 엣지의 결함을 알린다 해도 같은 운명이 기다리고 있는 것은 분명했다.

다시 한 번 곰곰이 생각해본 후, 마침내 마음을 굳혔다. 어찌 됐든 회사에서 쫓겨날 처지는 매한가지니 있는 그대로 보고하기로 했다. 그는 차트를 준비했다. 빨간색 차트였다.

다음의 넷째 주 회의에서, 마크 필즈는 초록색이 아닌 색으로 표기된 차트를 가지고 회의실로 들어온 유일한 사람이었다. 필즈가 보고할 차례가 되었고 그는 차분한 태도를 유지하려고 노력했다. 포드 엣지 부문 페이지로 넘어가자 그가 말했다. "엣지는 보시다시피 빨간색입니다."

침묵이 흘렀다. 회의실에 있는 모든 사람은 마크 필즈와 같은 생각을 하고 있었다. 잘리는 건 시간 문제라는 거였다.

그런데 딱 한 사람은 예외였다. 그 사람은 박수치기 시작했다. 멀럴리였다. 그는 박수와 함께 미소를 띠며 말했다. "마크, 저건 현황을 아주 명확하게 보여주고 있습니다." 그러고 나서 나머지 사람들을 향해 질문을 던졌다. 그 질문은 아웃워드 마인드셋 교육의 단초가 되는 질문이었다. "누가 마크에게 도움을 줄 수 있나요?"

마크의 동료 몇몇이 곧바로 자진해서 말했다. 한 사람은 다른 차종에서도 같은 문제를 봤다고 말하며 마크에게 즉시 그 정보를 가져다주겠다고 했다. 다른 사람은 재설계가 필요하면 자기 팀 내 최고의 엔지니어들을 빨리 불러 모아 오크빌로 보내 돕겠다고 했다. 이 외에도 여러 사람이 도움을 주겠다고 했다. 이와 같은 제안은 계속 이어졌다.

흥미롭게도, 그 다음 주 BPR 회의에서도 마크 필즈는 초록색이 아닌 다른 색의 차트로 보고석상에 들어온 유일한 사람이었다. 다른 사람들은 마크가 했던 방식대로 정직하게 보고하는 것을 따라가려 하지 않았다. 왜냐하면 지난 주 회의 후에 모두들 마크가 해고될 것이라고 예상했기 때문이다. 그 다음 주에도 마크가 변함없이 빨간색 표시가 된, 그러나 조금씩 노란색으로 바뀌고 있는 엣지의 차트를 들고 회의에 들어오고 멀랠리가 여전히 그를 향해 미소를 짓자, 사람들은 멀랠리의 진심을 깨닫기 시작했다. 멀랠리는 이렇게 강조했다. "당신이 빨간색이라는 게 아니라, 당신이 씨름하고 있는 그 문제가 빨간색인 겁니다." 멀랠리는 경영진들이 서로 상대방이 직면한 어려움을 돕기를 원했다. 이는 그들이 문제를 알려줘야만 가능한 일이었다. 그 다음 주, 회의실은 온통 빨간색으로 표기된 차트들로 꽉 찼다.[16]

멀랠리의 팀은 이런 방식으로 함께 일해나갔고, 동료들이 겪는 문제들이 무엇인지 알고 그들이 맡은 부문에 대해 정기적으로 보고했다. "누가 저 문제를 도와줄 수 있나요?"라는 질문은 빨간색과 노란색으로 표시된 차트가 떴을 때 으레 나오는 질문이 됐다. 개개인이 그리고 공동으로 팀 맴버들은 각자 자신들이 책임진 일을 해나가는 데 집중했고, 마찬가지로 그들의 동료들도 각자 자기의 책임을 다할 수 있도록 도왔다. 그들은 자신들이 하는 일에서 뿐 아니라 그들이 서로에게, 그리고 다양한 주주들에게 어떤 영향을 미치는지 주의 깊게 관찰했다.

이후 이야기는 사실 잘 알려진 내용이다. 그와 같은 방식으로 전사적으로 함께 일하고, 서로 도움이 되고 각자 책임감 있게 행동하는 접근법을 통해 포드 사는 심각한 위기에서 스스로 빠져나올 수 있었고, 2007년에서 2008년 사이의 금융위기 시기에 미국 자동차 회사 중 유일하게 공적자금 투입이 필요치 않았다. 앨런 멀랠리는 2014년 봄, 포드에서 사임한 후, 구글Google의 이사회 멤버가 됐다. 앨런 멀랠리의 후임으로는 마크 필즈가 선임되었다.

포드 사의 국면 전환 사례를 아웃워드 마인드셋 패턴의 세 가지 요소와 연관지어 생각해보자.

첫 번째 단계는 '다른 사람들(또한 조직 내)의 필요와 목표, 어려움을 본다'는 것이다. 이는 BPR 자체와 관련이 있다. BPR이라는 프로세스를 통해 멀랠리 팀 사람들은 자신이 전체에 얼마나 기여하고 있는지를 살펴볼 수 있었고, 동료들의 목표와 일들도 명확히 볼 수 있었다. 실제로 아웃워드 마인드셋을 가지고 그 프로세스에 전적으로 참여하는 것은 각자에게 달린 사항이었다. 이는 시간이 다소 걸렸다. 멀랠리 자신이 아웃워드 마인드셋으로 BPR 프로세스를 운영하지 않았다면, 우리가 여기서 말하고 있는 효과는 나타나지 않았을 것이다. 하지만 멀랠리의 마인드셋은 일관성이 있었다. 그는 팀 사람들과 일하는 방식에서 외부지향적이었고, 또한 회의를 이끄는 방식에 있어서도 외부지향적 마인드셋을 갖고 있었다. 그렇기 때문에 포드 팀은 회의석상에서 자신이 맡은 역할을 다른 사람이 맡은 부문의 일과 연관지어 볼 수 있는 기회를 얻을 수 있었다.

아웃워드 마인드셋 패턴의 두 번째 단계는 '다른 사람들에게 더 도움이 되도록 업무를 조정한다'는 것이다. 당연히 첫 번째 단계 다음에 나타난다. 팀 멤버들이 서로의 어려움을 볼 수 있게 되자 멀랠리는 그들에게 서로 나서서 도와주기를 청했다. "누가 이 문제를 도와줄 수 있나요?" 이것은 단순한 질문이 아니었다. 팀 멤버들이 자신이 맡은 부문에만 책임을 지는 것이 아니라, 동료들이 맡은 일을 성공적으로 해내도록 하는 데 영향을 미치기를 원한다는 선언문과 다름없었다.

또한 이들은 매주 모여 자신들이 제공한 도움이 동료들의 성과에 실질적인 영향을 주고 있는지 확인하는 시간을 가졌다. 이것이 아웃워드 마인드셋 패턴의 세 번째 단계인 '영향을 측정한다'라는 단계다. 멀랠리는 포드 사의 각 팀이 최소한 주 1회 회의 참석자들이 조정한 사항들이 실제 도움이 되는지 평가하는 과정을 갖도록 했다. 매주 그들은 자신이 서로에게, 그리고 회사의 전반적인 성과에 미치는 효과를 측정하는 시간을 갖고 필요한 조정을 시행하는 기회를 가졌다.

포드 사의 반전은 팀이 아웃워드 마인드셋 패턴의 각 단계, 즉 다른 사람들을 바라보고, 업무를 조정하며, 영향을 측정하는 이 세 단계를 충실히 이행한 데 달려 있었다.

다음 장에서는 아웃워드 마인드셋 패턴의 각 요소에 대해 심층적으로 살펴보고자 한다. '다른 사람을 바라본다'부터 시작하겠다.

Chapter 9

아웃워드 마인드셋 패턴의 적용

8장에서 우리는 아웃워드 마인드셋 패턴, 즉 '다른 사람을 본다, 업무를 조정한다, 그리고 영향을 측정한다'라는 각 단계들을 소개했다. 이번 장에서는 이 세 가지 요소를 성공적으로 수행한 개인과 조직들에 대해 소개하며, 이 접근법을 어떻게 적용할 수 있는지 살펴보겠다.

- 다른 사람을 바라본다 : See others

몇 년 전, 한 대규모 전력회사에서 아빈저연구소에 컨설팅을 의뢰

했다. 그 회사는 해마다 리더들이 차기년도 투자계획 수립에 지나치게 많은 시간을 소요하고 있어, 이를 단축함으로써 계획 수립에 투입되는 시간과 비용을 절감하고자 했다.

우리는 예산 수립 과정을 예산항목별로 구분하는 데 30분가량 소요했다. 회의에 40여 명의 리더가 참석했는데, 이들에게 예산 수립 단계별로 소그룹을 구성하도록 했다. 기획자들이 한 팀을 이뤘고, 설계자들이 또 다른 팀으로 모이는 방식이었다. 각 팀은 예산 수립 단계에서 필요한 아웃워드 마인드셋 도식을 화이트보드에 그렸다. 자기 팀의 프로세스는 중앙에 기입하고 그 주위에 원을 그려서 예산 수립 과정에 자신의 팀에 의해 영향을 받는 사람과 그룹을 적었다. 그러고 나서는 각 방향을 향하는 삼각형을 그렸다. 각 그룹 옆에 자신들이 알고 있는 그들의 필요와 목표, 어려움들을 적었다.

몇 분 뒤, 벽에는 〔도표13〕과 같은 내용들이 가득했다.

각 참석자들은 회의실 안을 둘러보면서 자기들의 이름이나 다른 사람의 이름이 빠진 차트는 없는지, 아직 기재되지 않은 중요한 필요사항이나 목표, 어려움이 있는지 둘러보았다. 차트에 수정사항이 있으면 누구나 보완할 수 있었다.

다른 사람들과의 관계에서 자신들을 제대로 바라봄에 따라, 이전보다 더 명확하게 다른 사람들을 볼 수 있었다. 일단은 '보기'가 중요한 단초였던 것이다. 우리는 한 팀씩 회의실 앞쪽으로 나와보라고 요청했다. 한 그룹이 앞에 나오면 나머지 사람들은 그 팀의 필

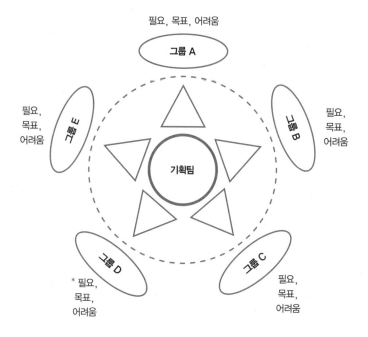

필요, 목표, 어려움

그룹 A

필요,
목표,
어려움

그룹 E

그룹 B

필요,
목표,
어려움

기획팀

그룹 D

그룹 C

* 필요,
목표,
어려움

필요,
목표,
어려움

* Needs, Objectives, Challenges(NOC)

요와 목표, 어려움과 업무에 대해 충분히 알기 위한 질문을 할 수 있었다.

첫 번째 그룹은 기획팀이었다. 기획팀은 연초에 전력 수요와 전력 공급 수준을 예측하여 예산 수립 과정에 착수하고, 차기년도에 진행될 일련의 프로젝트들을 도출해낸다. 이 과정은 4개월이 소요

되었다. 기획부서는 다음 팀인 설계팀에 자신들이 입안한 계획을 5월 1일자에 넘겼다. 설계팀에서는 곧바로 두 달 반에 걸쳐 프로젝트를 설계하고 그들의 일을 다음 단계 담당들에게 넘겼다. 지금까지는 이런 식으로 일이 진행되었다.

그런데 사람들이 기획팀의 필요사항과 목표를 확실하게 이해하고자 질문을 하기 시작하면서 흥미로운 일이 일어났다. 기획팀 또한 질문을 한 사람들의 필요와 목표에 대해 즉각적인 관심을 갖게 된 것이다. 질의응답 세션으로 시작한 일은 놀라운 발견에 이르게 한 대화로 진전되었다.

내용인즉슨 이러하다. 기획팀은 최종안까지 가는 프로젝트들 중 80~90퍼센트를 1월 중순에 인지했다. 나머지 10~20퍼센트가 최종안으로 확정되기까지 3개월 반이 걸리는 것이었다. 그들이 이 사실을 알게 되자 예산안 편성 기간을 3개월 축소할 수 있는 명확한 방법이 나타났다. 기획팀은 프로젝트 전체 리스트가 최종 확정될 때까지 전체 내용을 붙잡고 있을 필요가 없었던 것이다. 개별 프로젝트들이 최종적으로 확정되는 대로 바로 다음 단계로 넘기는 것을 그날부터 즉시 시행하기로 했다. 이는 설계팀이 일을 시작하는 시점이 5월이 아닌 1월 중에 가능함을 의미했다. 이 변화는 엄청난 차이를 만들어냈다. 첫 번째 그룹에서부터 이러한 가시적 변화가 보였다.

이러한 일이 더 일찍감치 일어나지 않은 이유는 무엇이었을까?

물론 충분히 가능했을 것이다. 이들은 굉장히 유능한 사람들이다. 하지만 이미 조직 내에 존재하는 해법을 재발견하게 해줄 체계가 없으면, 잠재되어 있는 수많은 해결책들은 휴면상태에 빠진다. 비유하자면, 조직이라는 유기체가 수많은 블루투스 네트워크로 상호 유기직으로 연결될 수 있는데, 내다수 블루투스의 전원이 아직 켜지지 않은 것과 같다. 장치를 발견하여 전원을 켜면 그들은 대화를 시작할 수 있다. 그렇게 되면, 일을 더 나은 방향으로 만들어갈 수 있는 길을 찾게 된다. 이렇게 상대방의 장치를 알고 스위치를 켜려면 '다른 사람을 볼 수 있는' 기회를 만들어야 한다. 이것이 우리가 8장에서 논의한 바와 같이, 앨런 멀랠리가 포드 사에서 시행한 BPR 프로세스의 효과 중 하나다. 주간회의를 통해 포드 경영진들이 서로를 보게끔 하는 장이 펼쳐진 것이다.

브렌다 율랜드라는 저널리스트는 경청에 관한 자신의 책《더 말해주세요; 경청의 예술Tell Me More》에서 경청을 통해 '다른 사람 보기'를 위한 단순한 능력에 대해 흥미로운 통찰력을 제시한다. "경청은 대단히 매력적이고 신기한 것이며 창조를 일으키는 힘이다." 라고 적고 있다. "우리의 말을 진심으로 경청하는 친구에 대해 얼마나 마음이 기울어지는지를 생각해보라. 햇살이 우리를 이롭게 하기에 우리가 햇빛이 비치는 반경 내에 머물고 싶어하듯, 그 친구 주위에 있고 싶어진다. 왜 그럴까? 그 이유는 누군가 우리의 말을 경청하면 우리가 창조적으로 확장되고 펼쳐지기 때문이다. 아이디어가 실제로 우리 안에서 자라나기 시작해서 생명력 있게 태어나기 때문이다."[17]

율랜드는 사람들과 소통할 때 상대방에게 관심을 가져야겠다고 생각한 이후와, 그 이전에 그들과 소통하던 방식의 차이에 대해 설명한다. 이전의 방식에 대한 그녀의 설명은, 우리가 일반적으로 다른 사람과 교류할 때뿐 아니라 조직 내에서 회의나 영업을 진행할 때 어떤 일이 일어나는지를 잘 요약해서 보여주고 있다.

"이전에는 파티나 모임에 갈 때 걱정을 한가득 안고 있었다. '이제 열심히 노력해보자. 활기찬 모습을 보여야 해. 밝은 이야기들을 하자. 말을 해보자. 낙심하지 마.' 그리고 나서 피곤해지면 나는 다시 활기를 얻기 위해 커피를 많이 마셔야 했다.

이제는 모임에 가기 전, 누구든지 내게 이야기하는 사람에 대해 단지 애정을 갖고 들어주자고 나 자신에게 말한다. 그들이 말할 때 그들의 입장이 되어보고자 한다. 그들에게 내 생각을 강조하려거나 논쟁하려거나 주제를 바꾸려 하지 않는다. 그렇다. 나는 '더 말해주세요!'라는 태도를 가졌다."[18]

로브 딜런은 브렌다 율랜드가 경험한 이러한 전환과 유사한 경험을 했다. 로브는 4대째 이어온 가업(家業)인 딜런 플로럴Dillon Floral 회사의 대표다. 딜런 플로럴 사는 펜실베이니아와 동부의 여러 주에 화훼를 납품하는 도매업체인데, 대형 화훼 유통업체가 생겨나면서 오래기간 단골고객이었던 동네 꽃가게들과의 거래가 점차 줄어드는 어려움에 직면하게 됐다. 회사는 줄어들고 있는 기존 고객을 유지하기 위해, 직접 고객을 찾아가는 전략이 중요해졌다. 하지만 로브는 고객 방문을 극도로 싫어했다. 그의 고객들이 갈등하는 것을 알면서 가게에 찾아가 고민하는 고객에게 딜런 플로럴의 이런 저런 상품을 사달라고 설득하는 것이 너무나 싫었다. 그리하여, 해가 갈수록 로브의 고객 방문 횟수는 더욱 줄어들고 있었다. 그랬던 그가 브렌다 율랜드의 책에서처럼 진심으로 다른 사람을 보는 것이 가져다주는 힘을 알게 되면서부터 바뀌기 시작했다.

로브가 고객들과 관계 맺는 것을 싫어했던 이유는, 그가 상대방 중심이 아닌 자기중심적으로 방문해왔기 때문이다. 그는 사람들에게 자기 상품을 사달라고 설득하는 데만 주로 관심을 갖고 있었던 것이다. 그는 브렌다 율랜드가 이전에 했던 것처럼 사람들과 소통했다. 즉, 상대방에게 관심을 갖고 열린 마음으로 대하기 전 방식으로 교류했다. 로브는 성과를 내고, 이해를 시키고, 영업 실적을 내야 한다는 압박을 느꼈다. "저는 늘 안건을 들고 고객들을 만나러 갔습니다. 그리고 두려움도 잔뜩 안고 갔죠." 로브가 말했다. "그런데 신기하게도 단지 사람들을 알아가는 데 관심을 두자 이 모든 게 바뀌었어요."

요즘 로브가 고객을 방문할 때 생각하는 것은 단 한 가지다. '내가 어떻게 하면 도움이 될 수 있을까?' 고객에게 좋은 인상을 주러

가는 것이 아니다. 성과를 내기 위해서는 더더욱 아니다. 로브가 원하는 것은 단지 어떻게 그들을 도울지 찾고자 하는 것이다. 이 마음가짐은 그가 다른 사람들의 필요와 목표, 어려움을 이해하려고 노력하는 것, 즉 그들을 '보는' 데서 시작한다. 이 새로운 시각을 갖고 로브는 이제 매주 하루나 이틀 정도 고객을 방문하는 데 시간을 보낸다. 그는 자기가 이 일을 얼마나 좋아하는지 발견하고 놀라게 됐다. 그 결과, 로브의 회사와 관계를 끊었던 고객들이 다시 돌아왔고, 다른 곳으로 거래처를 바꾸려고 고민하던 많은 고객들과도 공고해진 협력관계를 다졌다.

로브는 이 변화에 대해 다음과 같이 설명한다. "아웃워드 마인드셋에 대해 알게 된 이후로, 고객과 회의를 하러 갈 때, 그들의 필요와 목표, 어려움에 대해 알 수 있는 건 무엇이든지 알고자 하는 마음만 가집니다. 모든 걸 다 아는 사람으로 보여지기보다는 다소 부족해 보이는 사람으로 고객을 찾아갑니다. 그들에게 우리 회사가 어떻게 더 도움이 될 수 있을지 배우고 싶다고 말합니다. 그러고 나서 단지 듣습니다. 그들을 사람으로 보면, 그들이 무슨 말을 하든지 공감이 아주 쉽습니다. 두려워할 것은 아무것도 없습니다. 저는 단지 도움이 되기 위해 그곳에 있는 것입니다."

이런 견해는 흥미로운 사실을 알려준다. 로브가 아웃워드 마인드셋을 통해 진심으로 다른 사람들을 이해하려고 관심을 갖자 더 많은 도움이 될 수 있는 방법을 찾고자 하는 마음이 자연스럽게 생겨났다. 이는 아웃워드 마인드셋 패턴의 두 번째 단계인 '업무를 조정한다'라는 과정으로 나아가게 한다.

• 업무를 조정한다 : Adjust efforts

우리 팀과 오랫동안 함께 일해온 테리 올슨은 얼마 전 공립학교 교사들의 워크숍을 진행하면서 경험한 일을 들려주었다. 그 학교에서는 행동에 심각한 문제가 있는 초등학생 아이들을 대상으로 훈육용 감금공간을 활용하고 있었다. 그 학교의 일부 교사들은 교실 뒤쪽에서 청강하고 있었다.

발표 도중에 뒤에 있던 이 교사들 중 한 사람이, 점점 더 다루기 힘들어지는 아이가 있는데 그 아이를 어떻게 해야 할지에 대해 질문했다. 사실, 그들은 이렇게 수업에 방해되는 아이들을 훈육하기 위해 주로 작은 공간의 방에 아이를 격리시켜 문을 잠그고 공개적으로 모욕을 주는 '타임아웃 방'을 활용했지만, 그 아이의 상태는 점점 더 심각해지는 것 같았다. '타임아웃' 직후에는 잠깐 진정이 되는 것 같이 보였지만 결과적으로는 이전보다 더욱 심해졌다. 그 아이, 토비의 별난 행동은 지난주에 가장 심하게 나타났다. 학교에 설치된 자판기에 음료수를 채우기 위해 배달원이 학교 문을 열어 놓은 채 카트를 안으로 끌고 들어오는 중이었다. 손쓸 새도 없이 아이는 교실에서 재빨리 뛰쳐나가 (자주 있는 일이다) 학교 다과실에 숨어 있었는데, 배달원은 토비가 건물 밖으로 도망갈 수 있는 기회를 준 셈이었다. 학교 운동장으로 달려 나간 토비는 옷을 전부 벗어던지고 운동장을 가로질러 뛰기 시작했다. 이내 당황한 선생님들은 알몸인 토비를 뒤쫓았다. "그러니까 이런 학생은 어떻게 해야 하나요?" 그 교사가 물었다.

테리는 질문한 교사에게 자신이 마법 같은 해결책을 갖고 있지는 않다고 말했다. 그러나 그 아이가 타임아웃 방에 감금되고 나서 문제행동이 심해진다면, 자신을 '대상'으로 취급하는 것에 대해 저항하는 것인 만큼 그 특정 훈육 방식에 무반응을 보이는 것일 수 있다고 말했다. "대상이나 물건은 당신이 원하는 대로 마음대로 할 수 있어요. 행주를 싱크대에 던질 수 있고, 공은 발로 차서 운동장 저편으로 보낼 수 있어요. 빨랫감은 바구니에 밀어 넣으면 되죠. 하지만 사람은 던지거나 발로 차거나 밀어부치면 저항합니다. 토비는 아마 자기가 '대상'으로 취급당했다는 생각에 저항하고 있는 것인지도 모릅니다." 테리가 설명했다.

테리는 만약 교사들이 사용했던 모든 훈계 방식이 먹히지 않았다면 다른 접근법을 고려해봐야 할지 모르겠다고 제안했다. 아이가 교실에서 뛰쳐나갔을 때 쫓아간다거나 타임아웃 방에 집어넣는 것이 아닌, 다른 방법을 상상해보라고 했다. "여러분 스스로에게 이렇게 질문해보세요. '만약 내가 이 아이에게 진심으로 다가간다면 나는 어떤 행동을 하게 될까?'라고요." 그러고 나서 그는 교사들에게 어떤 행동을 하게 될지 한번 실천해보라고 제안했다.

2주가 흐른 뒤, 테리는 다른 워크숍 일정으로 이 학교에 다시 오게 됐다. 그는 토비가 조금이라도 개선되었는지 궁금했다. 이 학교 교사들은 그간의 일에 대해서 꼭 일러주고 싶어 했다. 한 여교사가 다음의 이야기를 들려주었다.

우리가 지난 번 워크숍에서 이야기를 나누고 이틀이 지났을 때, 토비는 제 수업 중에 또 교실에서 뛰쳐나갔습니다. 보조교사에게 그 아이를 당장 잡으러 가라고 하지 않고, 계속 수업을 이어갔습니다. 몇 분 후, 보조교사에게 나머지 수업을 맡기고 직접 토비를 찾으러 나갔습니다. 강당 안에서 담요 밑에 숨어 있는 토비를 찾아냈습니다. 담요 아래로 토비의 다리가 삐져나와 있는 것이 보였습니다. 다른 또래의 2학년 아이들과 다를 것이 없는 아이지요. 저는 바로 그 질문을 제 자신에게 던졌습니다. '만약 내가 이 아이에게 진심으로 다가간다면 나는 어떤 행동을 하게 될까?' 곧바로 저는 어릴 적 하던 숨바꼭질 놀이를 떠올렸습니다. 순간적으로 저는 몸을 바닥으로 납작 엎드려 담요 밑으로 기어들어가 토비 옆으로 갔지요. 토비는 깜짝 놀란 표정이었어요. 저는 토비에게 이렇게 말했습니다. "토비야, 들어봐. 선생님이 지금은 수업이 있어서 숨바꼭질을 할 수가 없어. 하지만 토비가 계속 하고 싶으면 쉬는 시간 때 선생님이 다시 와서 널 찾을게."

쉬는 시간이 되어 저는 다시 강당으로 갔습니다. 토비는 꼼짝도 하지 않은 것 같았습니다. 저는 담요를 잡아당기며 "찾았다!"라고 말했습니다. 그러고는 토비에게 내가 또 술래가 될 테니 숨어보라고 말하며 담요를 내 머리 위로 덮었습니다. "선생님이 25까지 숫자를 셀게." 토비는 내가 10을 셀 때까지 그 자리에 서 있었습니다. 그 다음 망설이며 강당 밖으로 달려 나갔습니다. 저는 토비를 찾으러 갔습니다. 토비는 교실 안에 있는 청소함 안에 똑바로 서 있었습니다. 저는 다시 숫자를 세기 시작했습니다. 제가 세 번째로 토비를 찾자 수업 시작종이 울렸습니다. 저는 토비에게 이제 다시 수업을 하러 가야 한다고 말했습니다.

20분 후, 토비는 살금살금 교실로 들어와서 의자에 미끄러지듯 앉았습니다. 아이는 여전히 완벽한 모습은 아니었지만, 저는 다르게 행동했습니다. 아이가 잘못된 행동을 할 때, 그 질문이 내 머릿속에 계속 맴돌았습니다. '만약 내가 이 아이에게 진심으로 대한다면……?' 가끔은 모든 것을 멈추고 아이에게 묻습니다. 가끔은 아이에게 다른 친구를 도와 달라고 부탁합니다. 가끔은 선생님을 도와 달라고 부탁합니다. 가끔은 아이에게 그냥 "그건 하면 안 돼!" 하고 설명하고 계속 수업을 합니다. 아이는 진정되어 가고 있습니다. 매일매일 서서히 일어나는 일이지만 제가 아이에게 다르게 대하고 있습니다. 그 아이가 제게 다르게 보여서요. 아이가 제멋대로 행동할 때에도요.

이 교사는 아웃워드 마인드셋의 개인이나 조직이 알아야 할 모든 것을 체득하였다. 진정한 도움은 어떤 공식으로 만들어낼 수 있는 것이 아니다. 외부지향적이 된다는 것은 사전에 규정해놓은 행동을 따르는 것을 의미하는 것이 아니다. 다른 사람들의 필요와 어려움, 바라는 바, 그리고 타인을 인간으로서 바라본다면 그 순간 어떻게 행동을 조정해나가야 하는지 가장 효과적인 방법이 떠오른다. 다른 사람을 '사람'으로 보면, 그들도 사람으로 반응하고, 도움이 되는 방식으로 반응한다. 주변 사람들의 필요에 반응하며 자연스럽게 그들의 행동을 조정하는 것이다. 아웃워드 마인드셋을 갖고 있으면 다른 사람들을 새로운 시각으로 바라보게 되고, 자신의 노력을 조정하는 일은 자연스럽게 뒤따른다.

이렇게 하면 아웃워드 마인드셋 패턴의 세 번째 요소, '다른 사람에 대한 영향을 측정한다'의 단계로 이어진다.

• 효과를 측정한다 : Measure impact

아웃워드 마인드셋 패턴을 실천해나가는 사람들에게 '효과 측정'이란 어떤 것일까? 어떻게 개인이나 조직이 이 단계를 실행할 수 있을까? 다음의 이야기를 같이 생각해보자.

찰스 잭슨 변호사는 중견 법률회사에서 일하는 3년차 변호사다.

찰스는 우리가 진행하는 리더십 과정에 참석했다. 찰스가 변호하는 사람들은 90퍼센트가 회사에서 연결해준 고객이고 나머지 10퍼센트 가량은 본인에게 직접 의뢰해온 고객이다. 아웃워드 마인드셋에 대해 토론하는 중에 찰스는 본인의 고객 두 명이 계속 머릿속에 맴돌았다. 그 두 사람은 모두 찰스가 수임해서 진행한 일에 만족하지 않았다. 하지만 당시에 찰스는 이 문제로 심각하게 걱정하지 않았다. '모든 고객이 다 나를 좋아할 수만은 없어.'라고 스스로를 안심시켰다. '그 일로 내가 더 어떻게 할 방법은 없어. 그리고 그들이 내가 한 일 중 어떤 면을 별로 좋아하지는 않았지만 나는 할 일을 했다고.' 그는 스스로에게 이렇게 말했다.

워크숍 중에 우리는 아웃워드 마인드셋으로 일한다는 것은 자신의 업무에 대해서만 책임을 지는 것이 아니라, 자신이 하는 일로 인한 영향에 대해서까지도 책임지는 것을 요구한다는 내용의 강의를 했다. 찰스가 이 내용을 숙고하기 시작하면서 그 고객들의 상황이 자신에게 조금 다르게 보이기 시작했다.

그중 한 명은 찰스가 사건 처리에 오랜 시간이 걸린 점에 대해 불만을 가진 사람이었다. 당시 찰스는 그 사람의 항의를 한 귀로 듣고 한 귀로 흘렸었다. 하지만 이제 다시 생각해보니, 그 고객의 불만이 사실은 정당했음을 깨달았다. 찰스는 당시 그 사건에 우선순위를 두지 않았다. 그로 인해 고객의 일처리가 지연된 것인데, 자기로 인해 발생한 어려움에 대해 고객에게 단 한 번도 사과를 하거나 개선하려 하지 않았던 것이다.

두 번째 고객의 경우는, 찰스가 그에게 청구한 비용을 받아보고 깜짝 놀랐다. 찰스는 청구서에 대해 이야기하는 것을 싫어했고 그래서 그 고객과 수임료에 관해 이야기 나누는 일도 회피했다. 당시 그 고객은 찰스의 수임료가 어느 정노인지 그 정구서를 받고나서야 처음 알게 된 것이었다.

찰스는 이 고객들에게 자기가 어떤 영향을 끼쳤는지 생각하게 되면서 돈을 돌려줘야겠다고 마음먹었다. 그래서 정말 그렇게 했다. 한 고객은 다른 주에 살았기 때문에 사과의 편지를 쓰고 수표를 넣어서 보냈다. 다른 고객은 찰스가 사는 곳 근처에 살고 있어서 직접 그를 찾아가 사과를 하고 수표를 전달했다.

얼마나 많은 변호사가 이미 지급받은 돈을 자발적으로, 그것도 자신이 직접, 고객에게 환불해줄까? 찰스는 그해 5월 두 명의 고객에게 환불을 해줬다. 그리고 고객들의 기대수준을 충족시키는 것은 물론 그 기대를 넘어서기 위해 고객들에게 미치는 효과를 정기적으로 체크하는 작업을 시작했다. 그러자 흥미로운 일이 생겼다. 고객들이 자신의 친구들과 지인들에게 찰스가 정직하고 양심적인 변호사라는 이야기를 전하기 시작한 것이다. 7월 무렵에는 매주 7건 이상 신규 법률자문 건수가 늘어났다. 11월 무렵에는 거의 13건으로 그 숫자가 늘어났고, 찰스에게 직접 의뢰한 고객들을 맡을 전담팀을 꾸리기 위해 찰스 밑에 세 명의 변호사를 충원했다. 그리고 다음해 3월, 그는 회사를 그만두고 자신의 법무법인을 설립했다.

이 모든 일은 찰스가 자신의 고객들에게 미치는 실질적인 효과에 대해 책임감 있게 점검하며 파악하는 노력 덕분이었다. 그는 정기적으로 고객들에 대해 점검하는 것을 '자가책임점검Self-Accountability Check'이라고 불렀다. 개인의 영향력 여부를 측정하기 위해서는, 자신의 노력을 유익하다고 생각하는지, 아니면 그렇지 않은지에 대해 상대방과 정기적으로 대화하려는 노력이 필요할 뿐이다.

효과를 측정하는 또 다른 방법은 개인이나 조직이 노력한 결과로 상대방이 무엇을 성취할 수 있는지를 나타내는 지표를 발굴하여 활용하는 것이다. 이 방법은 비영리단체인 호프 어라이징Hope Arising에서 활용한 방법이다.

호프 어라이징은 에티오피아의 시골 마을에 사는 돌봄이 필요한 아이들과 고아들을 돕기 위한 단체다. 이 아이들이 살고 있는 지역은 가뭄이 심해서 깨끗한 물이 간절히 필요한데, 이를 위해 그들은 깨끗한 물을 공급할 수 있는 능력을 키우기 위해 열심히 일했다. 자연스럽게 그들은 자신들이 들인 노력에 대한 결과물을 측정했다. 즉 공급된 깨끗한 물의 양을 측정하는 것이다.

호프 어라이징 팀이 아웃워드 마인드셋 패턴에 대해 배우면서, 그들은 자신들이 필요를 발견하고 그 필요를 채우기 위해 노력하며 일했지만, 정작 자신들이 하는 일이 어떠한 영향을 미치는지를 측정할 방법에 대해서는 한 번도 생각해본 적이 없다는 것을 알게 됐다. 결과적으로, 자신들이 돕고자 하는 돌봄이 필요한 아이들과 고아들의 필요를 채워주고 있는지 실질적으로는 알지 못했다. 그들은 실제적인 영향을 어떻게 측정하면 좋을지 생각하기 시작했다.

그들은 현장에서 무슨 일이 일어나는지 평가할 필요가 있다는 것을 알았다. 한 직원이 물었다. "우리의 '결과물'만이 아니라 우리가 한 일의 '영향'을 보여줄 수 있는 지표는 어떤 것이 있을까요?" 다른 직원이 답했다. "사람들이 '원하는' 효과나 영향은 어떤 것일까요? 깨끗한 물 덕분에 어떤 일이 가능해질 거라 생각할까요? 이런 질문들에 대한 대답을 생각해본다면 우리가 무엇을 측정해야 하는지 생각해낼 수 있을 것 같아요."

이런 질문을 염두에 두고 그 지역 주민들에게 이야기하기 시작했다. 한 집, 두 집을 지날 때마다 같은 말을 들었다. "우리는 아이들이 학교에 갈 수 있도록 하기 위해 깨끗한 물이 필요해요. 더러운 물을 마시면 아파서 학교에 빠지죠. 아이들이 학교에 못 가면 우리 마을로 건너와서 가르치는 교사들이 돈을 벌 수 없어요. 그러면 그 교사들은 다른 마을로 떠납니다. 그런데 우리 아이들이 교육을 받지 못하면 가난에서 벗어나지 못할 거예요."

호프 어라이징 직원들은 두 가지 측면에서 놀라운 사실을 알게 됐다. 첫 번째로, 자신들의 영향을 측정할 방법을 발견한 것이다. 즉 '아이들이 학교에 출석한 일 수'이다. 이것을 측정하면 그들이 제공하는 서비스를 받은 사람들의 가장 중요한 일에 어떤 영향을 주었는지 살펴볼 수 있다. 이 데이터는 지역 행정단체로부터 받을 수 있었다. 두 번째는, 그들이 하는 일은 단지 물을 전달하는 일에 국한되지 않는다는 것이다. 아이들이 학교에 갈 수 있도록 돕는 일을 하고 있는 것이었다. 이것을 깨닫자, 이들은 깨끗한 물을 안전하게 전달하는 일뿐 아니라 그들을 도울 수 있는 다른 여러 가지 일들을 생각하게 됐다.

호프 어라이징이 발견했던 것처럼, 아웃워드 마인드셋 패턴의 첫 번째, 두 번째 단계만 밟는 것으로는 충분하지 않다. 그들의 목표를 위해 우리가 한 일이 미친 영향에 대해 측정하지 않는다면, 우리가 조정해야 할 중요한 방법에 대해 전혀 모르고 있는 셈이고, 결국에는 그들을 진정으로 돕는 일이 어려워지게 된다.

Chapter 10

내가 먼저 바뀌자

아빈저연구소의 다른 책《상자 밖에 있는 사람》이나《나를 자유롭게 하는 관계The Anatomy of Peace》을 읽어보았다면, 루 허버트라는 가상의 인물에 대해 잘 알 것이다. 그 인물은 터뷸러 철강회사Turbular Steel의 설립자이자 오랜 기간 CEO를 역임한 잭 호크로부터 모티브를 따온 가상 인물이다. 터뷸러 사는 세인트루이스에서 시작한 회사로, 철강과 카본 제품을 전국에 유통하는 업체다.

터뷸러 사는 내부 경영진 사이에 치명적인 내분이 일어나 회사의 전체적인 성장까지 저하되자, 이 문제를 극복하기 위해 전 세계에서 가장 유명한 컨설팅회사에 의뢰해 도움을 청했다. 몇 개월에 걸쳐 이 방법 저 방법을 써봤지만 모두 실패했고, 결국 다른 컨설턴트에게 이 문제를 해결하기 위한 다른 방법은 없는지 문의했다. 그 컨설턴트는 아빈저연구소를 잘 아는 사람이었는데, 그는 잭에게 우리 회사의 방법론을 고려해보라고 알려줬다.

잭과 그 팀 사람들과 함께 첫 번째 회의를 하면서 우리는 각 임원들이 다음의 문장, 즉 "내가 여기에 관련된 이상, 문제는 바로 나 자신이다."라는 글을 신중히 생각하면서, 자기가 회사의 어려움을 해결하기 위해 어떻게 기여했는지 다시 평가해보도록 하는 일에 초점을 맞췄다.

잭은 누구보다도 자기 회사의 문제가 해결되기를 간절히 바랐지만, 처음에는 이 말을 자신에게 적용하기가 쉽지 않았다. 하지만 모두에게 이 첫 단계가 꼭 필요하다고 믿으며 단호하게 모든 경영진에게 다시 말했다. "여러분이 전부 이 말을 이해하길 바랍니다. 이 문구를 포스터로 만들고 건물 곳곳에 붙여 놓을 것입니다." 그러고 나서 손가락을 들어 경영진과 직원들을 향해 가리키며 말했다. "여러분이 여기에 관련된 이상, 문제는 바로 여러분 자신입니다." 다들 착잡한 표정으로 고개를 흔들며 머리를 떨구었다.

조직의 문제에 관해 생각할 때, 자기가 정말 문제가 되고 있음을 깨닫지 못하고 자신만은 예외라고 여기기가 참 쉽다. 당연히 터뷸러 사의 문제는 한 개인 때문에 일어난 것이 아니고, 각 개인이 이 문제의 일부에 포함되어 있다고 인정하지 않으면 어떤 문제도 해결할 수 없다는 것은 분명했다. 8장에서 언급한 포드 사 이야기를 떠올려보면, 경영진들 개개인이 회사의 문제에 원인을 제공했다는 것을 솔직히 드러내고 인정하지 않은 것이 가장 중요한 사안이었기에 앨런 멀랠리는 다른 일을 개선하기 전에 무엇보다 이 문제를 해결해야 했다. 물론 포드의 상황에서, 외부지향적으로 전환하는 것은 당시 대다수 임원들에게는 개인적으로 너무나 위험해 보이는 일이었다. 솔직히 너무나 위험해서 그들은 결국 자신이 회사의 어려움에 한몫을 했다고 인정하기보다 차라리 회사가 망하는 것이 낫다고 생각한 것이다. 한 사람이 먼저 행동을 취하기 전까지는 그랬다. 처음 누군가가 다른 사람이 어떻게 반응할지에 대한 확신이 없음에도 불구하고 변화를 향해 움직이고, 이로 인해 외부지향적으로 전환되기 전까지 이 생각에는 변함이 없었던 것이다.

마인드셋 전환의 목표는 모든 사람들이 서로를 향하게끔 방향을 바꾸도록 하는 것인데, 이 목표를 달성하기 위해서는 다른 사람들도 자기처럼 마인드셋을 바꿀 것이라는 기대감 없이 상대방을 향해 마인드셋을 돌리고자 하는 준비가 되어야만 한다.

내가 바라보는 시각을 바꾸고 다른 사람들이 바뀌든지 아닌지 상관없이 그들과 함께 일할 수 있는 이러한 능력은, 마인드셋 변화에서 부딪히는 가장 큰 장애물을 극복하게 한다. 그 장애물은 자신이 뭔가 다르게 행동하기 전에 다른 사람들이 먼저 바뀌기를 기다리는 자연스러운 현상으로, 이는 내부지향적인 경향성이다. 이는 조직 내에서 볼 수 있는 아주 자연스러운 덫이다. 경영진은 직원들이 변하기를 바라고 직원들은 리더들이 바뀌기를 기다린다. 부모들은 자녀가 바뀌었으면 하고 자녀들은 부모가 먼저 바뀌기를 원한다. 배우자들도 상대가 먼저 바뀌기를 바라며 기다린다.

모든 사람이 기다린다.

그러니 아무 일도 일어나지 않는다.

다음 페이지의 〔도표14〕는 마인드셋 작업에서 가장 중요한 변화를 보여준다.

이 도표의 상반부에는 서로 내부지향적인 마인드셋을 보이는 두 사람을 나타냈다. 그리고 실제로 나와 타인은 서로의 필요나 목표에 개의치 않는다. 이런 상황에서 나와 타인은 각각 상대방이 먼저 자신을 바라보기를 기다릴 뿐이다. 각자는 상대방이 나를 보아주기를, 그리고 나의 관점과 필요와 목표를 고려해주기를 바란다. 상대방도 나에게 똑같은 것을 원하고 있음을 알 수 있다. 그러나 5장에서 설명했던 이유로 인해 이에 대해 저항하게 된다.

'가장 중요한 변화'를 위해서는 스스로 저항감을 내려놓고 내가 상대방으로부터 원하는 방식으로 먼저 행동하기 시작하는 것이다. 이러한 움직임은 하반부에 나타나 있으며, 마인드셋을 바꾸기 위한 노력에서 무엇이 중요한 목표가 되어야 하는지를 보여준다. 상대방은 자기 마음을 바꿀 의향이 없거나 아직 준비가 되지 않았음에도 불구하고, 자신은 마인드셋을 바꿀 수 있도록 하는 것이 그 목표다.

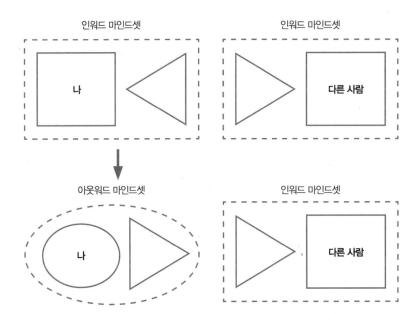

우리 조직 내에 모두가 각자의 업무에서 마인드셋을 외부지향적으로 바꾸면 조직이 더 나아질까? 대답은 '그렇다'이다. 하지만 이 일은 다른 사람들이 변하지 않더라도 자신은 변하고자 하는 의지를 가지고 있어야 가능하며, 상대방의 변화 여부와 상관없이 자신의 변화 의지가 지속되어야 가능한 일이다.

불행하게도, 이러한 변화의 움직임을 시작하는 사람은 너무나 드물다. 사람들이 변하려고 하지 않는 이유는, 바로 그들과 함께 일하는 사람들의 내부지향성이 자신도 내부지향적으로 머물도록 정당성을 제공해주기 때문이다. 터뷸러 사에서 잭은 내부지향적인 마인드셋으로 경영진들을 대했고, 이는 그들이 자기중심적이고 방어적이며 자주 공격적인 태도를 보이는 쪽으로 굳어져 가는 것에 대한 정당성을 제공한 것이었다. 그리고 잭의 오른팔이며 경영진의 대표인 래리 하이츠는 이러한 태도가 그 누구보다도 가장 뿌리 깊히 박혀 있는 사람이었다.

우리가 터뷸러 사와 첫 번째 회의를 진행할 무렵, 래리는 잭이 모르는 사이에 이미 회사를 떠날 계획을 다 만들어놓은 상태였다. 잭과 몇 년을 갈등하다가 그는 더 이상은 버티기 힘들다고 느꼈고, 잭은 절대 변하지 않을 거라 확신했다. 가장 합리적인 해결책은 이직이었다. 영업부장도 같은 생각이라는 것을 알게 되었다. 그래서 그둘은 회사를 그만두고 새로운 경쟁 회사를 만들기로 하고 회사 내 총망되는 인재들을 조용히 영입하기 시작했다.

래리의 퇴사로 충격을 받은 잭은 이 회사에 퍼져 있는 문제에 자신이 어떠한 방식으로 연루되어 있는지에 대해 곰곰이 생각해보기 시작했다. 부하직원들을 감시하던 눈을 자신에게 돌려 스스로에게 집중했다. 그는 집과 직장에서 모두 변하기 시작했다.

래리가 새 회사를 설립한 후, 그는 잭이 리더로서 다른 사람들과 관계를 맺는 방법을 바꾸려고 노력한다는 소식을 들었다. 이를 듣고 나서, 자신이 터뷸러 사에서 근무할 때 잭에게서 배운 모든 것을 다시 생각해보게 됐다. 자신이 만든 새 회사가 성공하는 데 절대적인 가르침이었다. 다시 잭에게 돌아가 터뷸러 사의 유망한 바이어가 되는 것을 상상해보며, 터뷸러 사로 복귀하는 것에 대해 진지하게 고민했다.

래리가 터뷸러 사를 떠난 지 1년 만에 잭에게 전화를 했다. "잭, 래리입니다. 떠난 뒤로 계속 생각을 했습니다. 수년 동안 제게 많은 투자를 해주셨고, 제가 아는 모든 것은 당신에게 배운 것임을 압니다. 당신이 제게 가르쳐준 모든 것을 활용해서 내 회사를 만들었던 거죠. 그래서 말인데, 제가 터뷸러 사의 흑자 전환을 도울 수 있을 것 같습니다. 당신이 제 복귀를 받아들이실지 모르겠지만, 저는 터뷸러 사로 돌아가서 회사가 재기할 수 있도록 함께 일하고 싶은 마음이 간절합니다."

놀랍게도 잭은 동의했다.

래리는 회사로 돌아왔고 아빈저 팀 몇몇과 함께 아웃워드 마인드셋을 전사적으로 실행하고 개발하기 위해 혼신을 다했다. 이 작업의 결과로 한 사람씩, 한 부서씩 점차 외부지향적으로 바뀌기 시작했다. 훈련의 시간이 필요했다.

회사 내에서 통상 벌어지는 싸움은 매일같이 일어나는 영업부와 신용관리부 사이의 갈등이었다. 두 부서는 각자 나름대로의 확실한 이유가 있었다. 그들은 그 내용을 공유했다.

신용관리부는 악성부채를 회사 수익의 2.5퍼센트 이하로 유지해야 할 책임이 있었다. 따라서 각각의 신용거래 신청 내용을 철저히 검사할 의무가 있다고 생각했고, 대부분의 신청건에 대해 거절을 통보했다. 신용관리부 직원들은 영업부 직원들을 유심히 살폈는데, 이들은 영업수익을 올리기 위해 신용도가 낮은 고객들의 신청서도 은근슬쩍 밀어넣으려 하거나, 신용관리부를 건너뛰고 경영진으로부터 예외적 상황을 얻어내거나 영업마감일 바로 직전에 신청서를 제출해서 고객에 대해 자세히 알아볼 시간이 없게 한다는 것을 알게 됐다.

물론, 영업부 관점에서 보면 문제는 판이했다. 중대한 계약을 성사시키려 하는데 신용관리부 직원들은 고객들의 신청서를 기술적인 측면만 보고 퇴짜를 놓았다. 이런 규정이나 정책들은 절대로 바뀌거나 소통이 될 가능성이 없어 보였다. 영업부 보상 체계가 수수료와 밀접하게 연계되어 있다 보니, 영업부는 거절당할 때마다 점점 기반이 흔들리는 것처럼 느껴졌다.

"우리가 영업을 못 하면 회사 매출도 없다는 걸 그들은 모르나요?" 영업부 사람들은 몹시 짜증을 내며 말하곤 했다.

"하지만 그 매출은 실제로 들어오기 전까지는 진짜 매출이 아니잖아요." 신용관리부 직원들이 대답했다.

끝이 나지 않는 주도권 다툼으로 상대 부서가 그들의 목표에 실패해야만 자기 부서가 목표를 달성할 수 있을 것처럼 각자 줄의 양쪽 끝을 잡고 서로 잡아당기는 형국이었다. 양쪽 모두 이유가 있었고 이겨야 했다. 외부지향적으로 바뀐다는 것은 이 싸움에서 지는 것이나 다름없어 보였다.

하지만 신용관리부 부장 앨 클라인은 회사 생활을 시작한 이래 처음으로 과연 이러한 싸움이 필요한가에 대해 진지하게 고민해보았다. 하루 동안 진행된 비공개 회의를 시작하면서 그가 팀원들에게 말했다. "우리는 달라져야 합니다. 이 문제를 고민하기 위해 오늘 하루를 통째로 비워 놓았습니다. 영업부의 업무성과를 방해하지 않으면서 동시에 악성부채에 대한 회사의 목표를 이룰 수 있는 방법을 고안해내기 전까지는 이 방을 떠나지 않을 것입니다."

영업부의 필요와 어려움, 목표를 보게 되면서 앨과 신용관리부 사람들은 자신들의 역할에 대해 더 신중하게 생각하기 시작했다. 그 중 한 명이 말했다. "영업부는 마흔 가지나 되는 상품을 판매하고 있습니다. 마진이 높은 특정 상품들도 있고 마진이 낮으면서 많이 팔리는 일반 상품들도 있습니다. 만약 우리가 마진이 높은 제품군들을 구매하는 고객들에 한해 신용위험을 별도기준으로 승인할 수 있는 방법을 찾아낸다면, 영업부뿐 아니라 회사 전체에도 이익이 될 것입니다." 이렇게 한번 생각하기 시작하자 완전히 새로운 목표를 고안해냈다. '악성부채를 회사 수익의 2.5퍼센트로 유지하되, 영업부가 자기 부서의 목표를 달성하고 회사도 목표수익을 실현하도록 돕는 방법이어야 한다.' 그들은 또한 엄격한 2.5퍼센트 기준이 과연 회사를 위해 최선인지 최고경영진과 재검토하기로 했다. 그들은 더 나은 방법에 대해 마음을 열어두고 싶었다.

이렇게 새롭게 결정된 목표로 인해 이제 신용관리부는 영업부에게 도움이 되는 방법을 찾게 됐고, 새로운 차원의 계획과 창의적 방법들을 생각해내게 됐다. 신용관리부가 이렇게 변화하고 채 일주일도 되지 않아 영업부 내에서 이러한 소문이 들렸다. "고객의 자격요건을 충족시키기 위해 고객과 일하는 법을 찾아낼 수 있는 사람이 있다면, 그건 바로 우리 회사의 신용관리부 직원들입니다."

잭과 래리, 그리고 앨의 이야기에서와 같이, 이들은 상대방이 내부지향성을 자극함에도 불구하고 자신은 외부지향적으로 전환했다. 여기에는 유사점이 있다. 다른 사람에 대한 영향을 생각하기 시작하자 회사의 성과를 높이기 위한 새로운 방법들을 찾고자 하는 마음이 생겨났다. 조직 전체의 성과에 집중하자 래리 대 잭, 또는 신용관리부 대 영업부 식의 대치상황의 문제가 아니었다. 오히려 조직에서 자신들에게 주어진 목표를 달성하려 할 때 상대 부서가 얼마나 힘들어지는지를 생각하게 됐다. 이들은 상대방에게 같은 방식을 요구하지 않으면서 자발적으로 이렇게 했다. 잭과 래리와 앨에게 이 일은 '가장 중요한 변화'이었다. 상대방에게 같은 방식을 요구하지 않고도 인워드 마인드셋에서 벗어나 이전에 직면했던 어려움을 극복할 방법들을 찾아볼 수 있게 됐다.

잭과 래리가 회사의 필요에 대해 집중하고 앨과 그의 신용관리부 직원들이 영업부의 필요에 집중하면서, 회사 내의 다른 사람들도 지금까지 경험해보지 못한 훨씬 효과적인 방식으로 다르게 일하는 방법을 만들어내고 실행하기 시작했다. 2년 사이에 터뷸러 사는 이 산업 분야에서 가장 높은 투자수익률을 거두게 됐다. 나중에 잭을 이어 회장이 된 래리는 이 과정을 다음과 같이 회상한다. "사람들은 자신의 분야에서 성공적으로 일을 해낼 뿐만 아니라, 어떻게 하면 다른 부서 사람들의 성공도 도울 수 있을지를 생각해냈습니다. 몇 년이 흐르면서 회사는 굉장한 차이를 만들어냈고 다른 종류의 문화를 만들었습니다. 결과적으로 우리는 3,000만 달러에서 1억 달러 넘게 성장했고, 우리 제품 시장규모가 1,000만 톤에서 600만 톤으로 줄어들었음에도 수익은 네 배 이상 증가했습니다."

만약 잭과 래리, 앨과 같은 사람들이 다른 사람이 변하기를 기다렸다면 터뷸러 사는 이와 같은 성과를 절대 낼 수 없었을 것이다. 아이러니컬하게도 그들이 상대방에게 변화를 요구하기를 포기하고 스스로 달리 보고 행동하기 시작함으로써, 비로소 상대방에게 일어나길 바랐던 변화를 불러일으키는 것이 가능하게 되었다.

아웃워드 마인드셋 문화를 만드는 데 헌신적인 회사라면, 상대방이 아직 변화하지 않았음에도 아웃워드 마인드셋으로의 전환을 이루어내고 유지할 수 있도록 여건을 만들고 도울 것이다. 인워드 마인드셋을 고집하는 사람들도 결국 이런 조직에서는 계속 일할 수 없게 된다. 왜냐하면 그들이 계속 있으면 그들의 조직이나 고객에게 도움이 되지 않을 것이기 때문이다.

아웃워드 마인드셋으로의 변화는 하룻밤 사이에 일어나지 않는다. 이런 변화가 널리 퍼져 있는 조직이라 할지라도 아웃워드 마인드셋으로 일하다가 종종 인워드 마인드셋으로 되돌아갈 수 있다. 고객들도 마찬가지로 가끔은 인워드 마인드셋에 머물러 있을 것이다. 전체 조직의 광범위한 마인드셋 전환은 누군가 처음, 변화를 시도해야 가능한 일이다. 그러므로 다른 사람은 변하지 않은 상황에서 본인이 아웃워드 마인드셋으로 일할 수 있는 것은 무엇보다 중요한 능력이다. 이것이 바로 '가장 중요한 변화the most important move'이다.

가끔 사람들은 이 변화를 시작하는 데 두려움을 느낀다. 왜냐하면 다른 사람들이 아웃워드 마인드셋을 악용할 것이라 생각하기 때문이다. 그들은 상대방이 아웃워드 마인드셋으로 일하지 않는 상황에서 자신만 아웃워드 방식으로 일하는 것에 대해 이를 현실을 무시한 처사라고 생각하거나, 또는 나쁜 행동에 대해 관대함을 보이는 것이라 여기는 경우가 있다.

이 두 가지 모두 사실이 아니며, 이는 우리가 말하는 '가장 중요한 변화'에 대해 오해하는 것이다. 우리의 시야를 흐리게 만들고 사람들을 좋지 않은 상황에 빠지게 하는 것은 아웃워드 마인드셋이 아니라 인워드 마인드셋이다. 아웃워드 마인드셋은 상대방에게 충분히 민감하고 상대방에 대해 알게 하지만, 인워드 마인드셋은 상대방에게 주의를 기울이지 않고 상대방의 저항을 유발한다.

앞에서 이야기했던 미국 해군의 엘리트 특수부대나 경찰특공대 대원들과 같이 매우 위험하고 리스크가 큰 일을 하는 사람이라면 이를 가장 잘 알 것이다. 그들은 자신의 목숨이나 임무가 그들이 처한 복잡한 상황을 얼마나 철저히 인지하는가에 달려 있음을 알고 있으며, 저항을 유발하지 않는 방법이 필요함을 알고 있다. 아웃워드 마인드셋은 그들을 나약한 사람으로 만드는 것이 아니라 똑똑한 사람으로 만든다.

사람들이 이런 가장 중요한 변화를 만드는 데 저항하는 이유는 또 있다.

아웃워드 마인드셋으로는 강한 행동이 필요할 때에도 약한 행동을 하게끔 한다고 생각하는 것이다. 하지만 이것은 오해다. 우리가 이미 언급한 것처럼, 아웃워드 마인드셋은 사람들을 약하게 만드는 것이 아니라 열린 마음으로 호기심을 갖고 인식하도록 해준다.

반면 인워드 마인드셋이 사람들을 강하게 만드는 것은 아니다. 이러한 마인드셋을 가진 사람들은 실제로 도움이 되기보다는 '더 나약한' 행동을 종종 하게 된다. 상대방에게 좋은 인상을 남기려고 (인워드 마인드셋에서 흔한 동기요소이다) 직접적인 행동으로 도움이 될 수 있는 상황에서도 종종 개의치 않거나 그냥 달래주거나 진정시키는 데 그친다.

이와 반대로, 부모님이나 조직의 리더처럼 다른 사람의 발전을 돕는 데 책임의식을 가진 사람들은 마인드셋이 타인을 향한 상황일 때 '더 강력한' 행동을 보이곤 한다. 왜 그럴까? 이는 상대방이 필요로 하는 도움이 약한 행동과는 거리가 먼 것이기 때문이다. 아웃워드 마인드셋을 가지면 다른 사람에게 도움이 안 되는 나약한 행동을 하게 될 것이라는 우려는 마인드셋에 대한 잘못된 생각에서 기인한다.

우리는 다양한 종류의 걱정과 불안에 가득 차 있는 리더들을 종종 만난다. 그들은 마인드셋을 변화시키고자 노력하는 것이 좋은 일이라 생각하지만, 부하직원들이 어떻게 반응할지에 대해 걱정한다. 그래서 마인드셋을 변화시키는 노력에 대해 발끝만 살짝 담그고 사람들이 어떻게 반응하는지 뒤에 앉아 지켜본다. 그리고 사람들의 반응에 따라 노력을 계속 진행할지 말지 결정하겠다고 스스로에게 말한다.

그동안의 우리의 경험에서 보았을 때, 사람들은 자신의 리더가 단지 발만 살짝 담그고 있는 것을 보면, 곧바로 그들의 노력을 별 가치 없는 것으로 느끼게 마련이다. 따라서 리더들은 자기 부하직원들의 반응이 미적지근하다고 생각하고, 그렇기 때문에 이 노력을 지속할 가치가 없다고 단정한다. 그러나 그는 부하직원들의 반응에 대한 궁극적 이유를 보지 못하는 것이다. 사람들이 미온적으로 반응하는 것은 그들의 리더가 미온적인 태도를 보이는 것을 느꼈기 때문이다.

'내가 관련된 이상, 문제는 바로 나다.'라는 원칙을 적용하는 것이 무엇보다 중요하다. 바로 나부터 시작해야 한다. 다른 사람들이 보이는 반응은 대부분 그들이 '나'를 어떻게 바라보는지에 따라 결정된다.

'가장 중요한 변화'는, 바로 '내가' 그 가장 중요한 변화를 만들어 내야 한다는 것이다.

PART 4
새로운 사고방식과
행동으로 확장하기

Chapter 11

마인드셋으로 시작하라

캔자스시티 경찰서의 중앙순찰지구대 매트 토머식 경관이 캔자스
시티 웨스트사이드에서 교대근무를 마치던 중, 한 남성이 여성을
폭행하고 있는 것을 보았다. "경찰이다. 그 여자한테서 손 떼고 뒤
로 물러서라!" 하고 소리치며 매트는 경찰관 배지를 들었다. "지금
당장!" 그 남자는 여자에게서 손을 뗐지만 뒤로 물러서지는 않았
다. "뒤로 물러서. 당장!" 매트가 소리쳤다. 그 남자는 뒤로 돌더니
매트를 향해 걸어왔다.

　바로 그 때, 자동차 두 대가 도로 위로 달려오다가 '끼익~' 하고
섰다. 문이 활짝 열리더니 그 동네 남자들 몇 명이 차 안에서 재빠
르게 달려나왔다. 그러더니 그 남자를 둘러싸는 것이었다. 그들이

그렇게 한 동기는 무엇이었을까? 그들은 토머식 경관을 보호하고 싶었던 것이다.

이 남자들과 이 지역 주민들이 그 경찰을 돕는 이유에 대한 이야기는 마인드셋 변화를 위한 노력을 시작하는 것이 얼마나 유익한지에 대해 가르쳐준다.

50년이 넘는 세월 동안 캔자스시티의 남서부 대로와 서밋 거리의 모퉁이, 그리고 동네 술집 주차장 쪽은 웨스트사이드 내 일용근로자들의 즉석 고용시장이었다. 이 동네는 캔자스시티에 사는 히스패닉들이 주로 거주하는 지역으로, 그들에게 필요한 것을 제공하는 여러 비즈니스가 많이 발달했다. 수년간 구직자들은 일자리를 잘 찾았다. 구직자들이나 구인자들이나 수요 공급이 거의 알맞게 맞아 돌아갔다. 하지만 지난 5년 사이 이곳의 구직자 수가 폭증하여 공급 가능한 일자리 수를 훨씬 초과했다.

이렇게 늘어난 사람들은 두 부류로 나뉘었다. 첫 번째 그룹은 비자 유무와 상관없이 일을 하고자 하는 사람들, 두 번째 그룹은 비자가 있든 없든 간에 일할 의지가 없는 사람들이었다. 두 번째 그룹에 있는 사람들 중에는 다른 사람들을 약탈하려고 모인 잠재적 범죄자들도 있었다. 일을 할 의지가 없거나 일자리를 구하지 못한 사람들은 그 근처에서 배회했다. 그들을 수용할 수 있는 마땅한 시설이 없었기에 그들은 인도에 소변을 보거나 골목길에 대변을 봤다. 심지어 어떤 사람들은 벌거벗고 주택의 호스를 끌어다가 샤워를 하기도 했다. 이 동네는 범죄가 급증했고 상점 주인들은 하나둘씩 떠나기 시작했다. 주민들은 들고 일어날 기세였다.

캔자스시티 경찰서는 제재와 처벌을 강화함으로써 어떻게든 이 상황을 해결해보려 했다. 그들은 엄청난 경찰 물리력을 배치했고, 엄중처벌 원칙을 내세웠다. 칩 휴스의 특공대원들이 1장에서 이야기했던 극적인 변화의 과정을 거치기 전, 해결책의 일환으로 이곳에 배치되기도 했었다. 그렇게 배치된 칩의 대원들과 다른 경찰관들은 공격적으로 동네를 휩쓸며 공공장소에서 술을 마시는 사람들부터 세세한 법률을 위반한 사람들에 이르기까지 모두 다 체포했다. 하지만 사람들은 해질 무렵이 되면 같은 장소로 으레 다시 돌아왔다. 경찰당국에서 이 일을 해결하기 위해 투입한 자원은 전혀 소용이 없었다. 웨스트사이드에 50명이나 되는 경찰관이 배치됐지만 상황은 더욱 악화됐다.

매트 토머식 경관은 남서부 대로와 서밋 거리 모퉁이에서 멀지 않은 작은 지역센터에서 엄중처벌 원칙을 내세우며 치안활동을 진두지휘하고 있었다. 어느 날 그는 캔자스시티 경찰서장으로부터 최후통첩을 받았다. "웨스트사이드는 최악의 상황입니다, 토머식 경관. 문제를 해결하십시오. 2주의 시간을 주겠습니다."

토머식 경관은 그냥 포기할 태세였다. 그는 지역센터에 돌아와 어떻게 하면 강력계처럼 보다 용이한 부서로 이동할 수 있을지 고민했다. 그는 일반시민인 동료 린다 칼런에게 전근 준비를 시키려고 센터로 들어왔다. 그리고 린다에게 이야기했다. "나는 눈코 뜰 새 없도록 바쁘게 일했지만 상황은 점점 더 나빠지고 있어요."

린다는 그의 말을 다 듣고 나서 말했다. "토머식 경관님. 경찰관인 것을 잠시 내려놓고 이 사람들에 대해 그냥 한번 생각해보세요. 그들의 삶은 어떨까요? 다음날 어디에서 일할 수 있는지도 모르고, 화장실도 없어요. 기본적인 것을 해결할 수도 없고 다음 끼니는 어떻게 해결해야 할지도 모르는 상황이라면 어떨 것 같으세요? 만약 경관님이 그런 상황이라면 어떤 느낌일까요?"

이 질문들이 어떤 종류의 질문인지 주목해보자. 내가 변화시키고자 하는 사람들의 필요와 목표에 관한 질문들이다. 린다는 매트 토머식 경관에게 아웃워드 마인드셋으로 생각하고 바라보도록 권했다. 이에 대해 매트는 정말이지 처음으로 이 사람들이 직면한 여러 문제에 대해 고려해보기 시작했다.

매트와 린다가 일하는 지역센터에는 화장실 하나와 작은 가스레인지가 하나 있었다. 매트와 린다는 그들의 기본적인 필요를 해결하는 데 도움이 될 수 있는 방법들을 생각해냈다. 이들은 사람들이 이 센터의 화장실을 사용해도 된다는 안내문을 써 붙였다. 그리고 개인적인 인맥을 동원하여 가스레인지 위에 콩죽을 끓인 냄비를 올려놓았고 커피도 준비했다. 이는 매트와 린다가 해낸 수많은 변화의 시작에 불과했다. 처음에는 그들에게 모일 곳만 제공하려고 했었는데 그들을 사람으로 바라보기 시작하자 그들에게 진정한 도움을 주기 위해 자신들이 하던 일들을 조정할 수 있는 방법들을 찾아내기 시작했다.

매트와 린다는 곧 센터 밖에 일용근로자들을 고용하기 위한 장소를 마련했다. 그날 일을 찾지 못한 사람들에게는 센터에서 빗질이나 페인팅 작업부터 여성 가장들이 타말레(옥수수 가루와 다진 고기 등으로 만드는 멕시코 요리) 만드는 일을 도와주는 일 등, 동네 주민을 위한 일거리를 제공해주었다. 매트는 이들 바로 옆에서 팔을 걷어붙이고 같이 일하며 시간을 보냈다.

서로 더 알아가게 됐고 그들과 동네 주민들은 매트를 신뢰하기 시작했다. 그러면서 그들이 경찰을 바라보는 시각도 바뀌기 시작했다. 그 사람들 옆에서 함께 일하면서 매트는 자신이 실천하고 있는 방법이 과연 정말 그들에게 도움이 되는지 볼 수 있게 해주었다. 매트는 몇 명을 교도소에 보냈는지가 아니라 사람들의 생산성으로 자신이 미친 영향을 측정하기 시작했다. 자신이 배운 것을 바탕으로, 매트는 자신의 접근 방법이 그들에게 더 도움이 되도록 계속해서 일을 조정했다.

이 일이 탄력을 받으면서 옥타비오 '차토' 빌라로보스 경관은 웨스트사이드에 모인 사람들을 위해 가스레인지에 콩죽을 끓이고 센터의 화장실을 사용할 수 있게 한 매트 토머식 경관의 이야기를 듣게 된다. 차토 자신도 웨스트사이드에서 자랐고 이 동네의 난제에 대해 직접적으로 잘 알고 있었기에 매트가 시작한 일에 관한 소식을 듣게 되면서 강한 호기심이 생겼다. 그는 자신의 고향에서 매트와 함께 일할 수 있도록 전근을 요청했다. 근무 첫 날, 차토는 경찰 복장을 제대로 장착하고 나타났다. 선글라스를 끼고 여분의 탄약과 수갑을 벨트에 매단 채 말이다. 매트는 그에게 웨스트사이드에서 하는 방식으로 경찰 업무를 하려면 집에 돌아가서 청바지와 티셔츠로 갈아입고 다시 오라고 말했다.

그날 이후로 매트 토머식 경관과 차토 빌라로보스 경관은 함께 캔자스시티 웨스트사이드 센터 밖에서 일했다. 새롭게 활성화된 이 지역의 성공 사례는 전국적으로 퍼졌다. 이 지역의 범죄율은 사상 최저로 떨어졌고 이곳을 떠났던 상점 주인들도 돌아왔다. 이 두 경관은 50명의 경찰 인력이 하지 못한 일을 해냈다. 이 모든 일은 아웃워드 마인드셋으로 문제를 다루며 지역사회 구석구석에 마인드셋 변화를 일으켰기 때문에 가능했다.

"이 사람들은 이 동네 모퉁이에 50년 동안 늘 있었어요." 차토는 여전히 웨스트사이드에서 일어난 변화에 놀라며 이제 자신이 관찰한 것을 이야기한다. "매트는 이 문제를 단지 사람들을 사람으로 대하는 방법으로 풀어나갔습니다. 무조건적으로 존중하고 그들이 어떤 사람들이었는지, 그리고 누가 나쁜 사람들이었는지를 알아갔던 거죠. 정말 굉장한 일이었습니다."

웨스트사이드의 오랜 난제에 대해 경찰은 처음에는 강력한 제재를 통해 문제를 해결하려고 했다. 그들은 신속한 결과를 원했고 압도적인 물리력을 동원하여 결과를 얻으려 했다. 하지만 그 방법은 소용없었다. 웨스트사이드는 오직 매트와 차토가 마인드셋으로 '천천히' 작업했기 때문에 바뀌었다.

마인드셋 작업이 '천천히' 이루어진다고 언급한 데에는 이유가 있다. 문제를 해결하기 위해 직접적이고 행동적인 방법만을 생각하는 사람들은 마인드셋에 주목해야 할 필요를 잘 이해하지 못하는 경우가 많다. 그렇기 때문에 그들은 마인드셋을 전환하려는 노력이 시간 낭비이며 문제 해결을 더 지연시킨다고 생각한다. 그러나 캔자스시티의 웨스트사이드에서 행해진 방법이 증명하듯이 이보다 더 좋은 해결책은 없다.

'마인드셋으로 시작하기' 접근법은 대규모 다국적기업 내에서 오랫동안 존재해온 노사분쟁을 해결하는 실마리가 됐다. 우리는 스무 명의 경영진 대표들과 열 명의 노동자 대표들과 함께 이틀의 시간을 보내며 일을 시작했다. 이틀간 우리는 그들이 자신, 그리고 상대방의 일에 대해 아웃워드 마인드셋을 향상시킬 수 있도록 도왔다. 둘째 날 마지막 한 시간은 그들이 직면한 특정한 문제에 대해 이번에 함께 배운 것을 활용해보고자 따로 비워 놨다. 우리는 그들에게 혹시 짚고 넘어가야 할 중요한 문제가 있는지 물었다.

그들은 우리에게 노사관리 문제를 둘러싼 분쟁이 교착상태에 빠져 있다고 말했다. (우리는 이 문제에 대해 사전 준비단계에서 충분한 작업을 해야 했었다.) 노사문제로 인한 분쟁은 중재위원회에 올라가기 직전이었다. 재정적인 문제가 걸림돌이 됨에도 불구하고, 노동자와 사용자 측은 지난 몇 달 간 적당한 해결책을 찾을 수 없었다. 이들은 우리가 남아 있는 시간 안에 이 교착상태에서 빠져나올 수 있는 방법을 찾기 위해 자신들이 무엇을 해야 할지 알고 싶다고 말했다.

이틀간 함께한 시간 중 처음으로 우리는 이 그룹을 노동자 측과 경영자 측으로 분리시켰다. 양쪽 그룹에게 플립 차트를 제공하고 세 가지 질문을 했다. 첫째, 상대 그룹의 필요와 목표, 어려움에 대해 생각해볼 것, 둘째, 그들이 상대 그룹에게 도움이 되기 위해 조정할 수 있는 것이 무엇인지 생각해볼 것, 셋째, 그들의 영향을 어떻게 측정할지 생각해볼 것을 요청했다. 그러고 나서 20분 뒤에 다시 모이게 했다. 먼저 한 그룹에게 첫 번째 질문에 대해 어떤 대답을 했는지 발표하도록 했다. 그 다음에는 상대 그룹이 같은 질문에 어떤 대답을 했는지 발표하도록 했다. 두 번째 질문에 대해서는 발표하는 그룹의 순서를 바꾸었다.

세 번째 질문으로 넘어가기 전에 이 발표 시간은 굉장히 진심어리고 외부지향적인 토론으로 발전했다. 각 그룹이 상대측의 필요와 문제를 향한 진정한 관심과 염려를 보이면서 말이다. 45분이 지나가기 전에 그들은 갈등을 해결해냈다. 우리의 안내 없이 그들 스스로 이 일을 해냈다. 우리가 한 일은 단지 그들에게 아웃워드 마인드셋을 활용하도록 그들을 준비시키고 마지막 연습을 위해 우리가 고안한 간단한 질문구조를 제공해준 것뿐이었다. 그들은 서로의 업무 관계와 서로 간의 신뢰를 강화시키는 방법으로 의견 차이를 좁혔다.

우리는 그늘이 이 일을 해내도록 핵심으로 접근하는 것을 돕기 위해 이틀의 대부분을 보냈다. 그 이틀의 시간은 이번 사례에서 마인드셋이 충분히 전환되는 데 꼭 필요한 시간이었다. 하지만 마인드셋을 바꾸는 것으로 시작하면 행동의 변화는 빨리 일어날 수 있다. 마인드셋 변화를 위해 작업한 이틀의 시간은 지난 6개월간 풀수 없었던 문제를 45분 만에 해결할 수 있도록 한 것이다.

지역사회 치안을 위한 활동에서나 또는 노사분쟁을 해결하는 문제에서 무엇을 변화시켜야 하는지 알게 되면, 즉각적으로 행동적인 해결책을 시행하고자 하는 유혹에 빠지기 쉽다. 그리고 이것이 빠른 방법처럼 보인다. 하지만 마인드셋에 초점을 맞추지 않는 한, 이 방법은 변화를 이루는 데 있어 대부분 '느린' 방법이다.

여러분도 행동적 해결책을 추진하기 전에 먼저 자신의 마인드셋에 대해 체크해보길 권한다. 자신에게 다음과 같이 질문해보라. 나또는 우리가 아웃워드 마인드셋으로 이 문제를 생각해보았는가? 이 문제에 연관된 사람들의 필요와 목표, 어려움에 대해 이해하고 있는가? 그것들을 고려하여 내 노력을 조정해보았는가? 이들에게 미친 내 영향에 대해 책임감을 갖고 있었는가?

당신이 마인드셋에 먼저 주목할수록 더 빨리 변화를 향해 나아갈 수 있을 것이다.

Chapter 12

공동의 목표를 중심으로
자원을 결집시켜라

이 책에서 나온 조직들이 어떻게 성공적으로 아웃워드 마인드셋 문화를 만들어냈는지 생각해보자.

칩 휴스와 그의 경찰특공대, 마크 발리프와 폴 허버드가 흑자 전환을 일궈낸 50개의 의료시설, 루이즈 프란체스코니와 경영진, 그렉 포포비치와 샌안토니오 스퍼스 팀, 빌 바트만과 CFS2 사, 앨런 멀랠리와 포드 사, 잭 호크, 래리 하이츠와 터뷸러 스틸 사, 매트와 린다, 차오의 캔자스시티 웨스트사이드 지역사회 연계 활동에 대해 생각해보자.

이들이 조직 내에서 만들어낸 문화는 세부적으로 많은 차이점이 있다. 하지만 한 가지 공통점이 있다. 이것이 애초부터 인워드 마인드셋으로 치닫지 않고 아웃워드 마인드셋으로 나아가는 것을 가능하게 했다.

그 공통분모는 무엇일까?

리더들이 조직 전체가 '공동의 목표'를 추구하도록 참여시킨 것이다. 이 공동의 목표는 모든 사람들이 자기 자신보다 훨씬 더 큰 무엇인가에 참여하게 했고, 그들의 노력이 성공을 거둘 수 있도록 모두 같이 합심할 것을 요구했다.

휴스와 그의 특공대 팀은 지역사회 구성원들에게 자신들이 진 빚을 다시 생각해보기 시작했다. 그들이 용의자든 아니든지 상관없이 생각해보았다. 새로운 공동의 비전이 제시되면서 이 팀은 지역사회와 경찰과의 이상적인 관계를 창조해내고 그들과 소통하기 위해 결집했다. 그들은 모든 사람을 무조건적으로 존중해주기로 결심했다. 그리고 팀원들 사이에서도 서로를 이와 같이 존중해주기로 했다.

마크 밸리프와 폴 허바드는 그들이 이루고자 하는 것을 찾기 위해 직원들과 같이 작업을 했다. 이들은 전체 직원들이 이렇게 도출된 공동의 목표, 즉 '십 년마다 백만 명의 삶을 윤택하게 한다. 한 번에 한 사람씩!'이라는 목표 달성을 위해 그들의 창의적인 에너지를 전적으로 활용하게 함으로써 회사의 조직문화를 만들어나갔다. 칩 휴스의 특공대 팀 목표처럼 이 프로젝트는 모든 사람의 참여를 요구한다. 개개인들은 고객의 삶, 그리고 서로의 삶을 윤택하게 해야 하는 것이다.

그렉 포포비치와 샌안토니오 스퍼스의 사례를 보자. 이는 챔피언십 우승에 관한 것이긴 하지만, 그들 공동의 목표는 이 우승을 어떻게 이루어냈는지에 대해 알려준다. 물론 챔피언십 우승의 꿈은 인워드 마인드셋 방법으로도 가능하기 때문에 아웃워드 마인드셋으로 일할 수 있도록 돕게 하는 목표와는 다소 거리가 있을지 모른다. 스퍼스 팀에게 동기를 부여한 공동의 목표는 '우승을 위해서는 합심이 필수다.'라는 그들의 믿음과 관련이 있다. 그들은 자신의 이익에 연연하지 않고 팀워크를 최우선으로 한다. 여기에 모든 사람이 참여한다. 결과가 이를 말해준다.

빌 바트만은 채무자들을 자신의 고객으로 바라보면서 어떻게 그들을 도울 수 있을지 생각해내는 데 모든 직원이 함께하도록 했다. 그들에게 도움이 되는 가장 좋은 생각을 떠올린 사람들은 빌이 아니라 오히려 직원들이었다. 사회에서 빚 때문에 고통받는 사람들을 일으켜 세울 수 있도록 그들은 모두 같이 집중했다. 회사 전체가 이 목표를 위해 합심했다.

앨런 멀랠리는 수익을 증대시키면서 세계 최고의 자동차를 만드는 데 직원들이 집중할 수 있도록 함으로써 거의 파산상태의 회사를 되살렸다.[19] 그들의 일은 소비자와 공급자, 딜러와 직원들, 그리고 투자자들을 이롭게 해야 했다. 이 말은 곧, '모든 사람'을 이롭게 하도록 각 사람이 앞으로 나아가며 함께 힘을 모아야 한다는 뜻이었다.

터뷸러 사의 잭 호크, 래리 하이츠와 여러 경영진들은 조직의 모든 사람들에게 그들 조직 내 위치와 상관없이 회사의 수익성에 긍정적인 영향을 끼칠 수 있는 방법에 대한 의사결정권을 부여함으로써 쇠퇴하는 시장에서 이 회사가 번창하도록 자원을 총동원했다. 이 프로젝트에도 모든 사람의 참여가 기본이다.

매트 토머식 경관은 웨스트사이드 지역을 안전하고 깨끗한 동네로 만드는 공동의 프로젝트를 위해 일용근로자들을 참여시켰다. 이는 구직자들이 지역사회의 프로젝트에 책임감을 갖도록 유도했고, 그들이 지역사회 내에서 행동하고 소통하는 방식에도 영향을 미쳤다.

루이즈 프란체스코니는 아웃워드 마인드셋 문화를 만들기 위해 회사의 힘을 동원하는 데 있어 공동의 목표가 얼마나 중요한지에 대해 이렇게 말했다. "다른 사람들에게 집중하는 방식으로 목표에 집중하는 것, 이렇게 성공에 집중하는 것이야말로 굉장한 촉진제입니다. 문화가 이에 맞춰 돌아갑니다. 목소리 큰 사람이거나 말없는 사람이거나 유머가 있는 사람이거나, 그런 것은 상관없습니다. 모두 같은 방식으로 일하는 동질화된 팀을 만들고자 하는 것이 아닙니다. 모든 사람은 각자 일합니다. 하지만 그들은 공동의 해결책을 위해 일합니다. 다름을 받아들이는 것이고 결과에 함께 집중하는 것입니다."

모든 조직은 이미 하나의 공동체로 존재한다. 조직 전체든 최전방의 팀이든 모두 마찬가지다. 사람들이 구성원이 되어 조직화된 곳이라면 어디든지 이미 공동의 목표가 존재한다. 담당자가 정해지고, 협력하고, 같은 곳을 향해 일한다. 하지만 조직 내 많은 사람들은 개별적인 역할로 개인을 구분한다. 자신의 역할이 조직 전체의 목표와 결과에 있어 얼마나 중요한지 잘 알지 못한다. 그 이유는, 조직이 그러한 목표에 맞춰 명확하게 조직화되지 못했기 때문일 수도 있고, 리더들에게 이유가 있을 수도 있다. 직원들이 책임감을 가지고 타인에게 도움이 되는 조정을 시행하고 더불어 직원들 자신이 목표에 미치는 영향을 이해할 수 있도록 도움을 받지 못했거나 혹은 본인이 명확하게 인지하지 못해서일 수도 있다.

공동의 목표를 명확하게 제시하면 개인과 팀은 상부의 지시를 기다리지 않고도 자신들이 조직에 기여하는 바를 향상시킬 수 있고, 자기의 일을 조정할 수 있게 된다. 이들은 그들의 역할을 정해줄 사람이 필요하지 않다. 아웃워드 마인드셋 패턴을 적용하려고 책임감을 갖고 스스로 자기 일을 조정하는 개인이나 팀으로 구성된 조직을 상상해보라. 공동의 목표를 이루는 데 영향을 끼칠 수 있도록 그들은 지속적으로 자신들이 하는 일을 조정한다. 모든 사람이 이런 식의 기여자가 된다.

만약 당신이 공동의 목표가 형성되지 않은 조직에 있고, 이에 대해 어떤 개입도 할 수 없는 직위에 있다면 내가 할 수 있는 일이 과연 무엇인지 고민할지도 모른다. 이런 경우라도 당신은 공동의 목표와 관련하여 당신의 역할을 규명해볼 수 있다. 방해가 될 것은 아무것도 없다. 이 작업을 위해 [도표15]의 '직장에서의 아웃워드 마인드셋'을 활용하면 유용할 것이다.

당신이 어떤 상사 밑에서 일하고 있다고 하자. 상사가 성취하고자 하는 것은 무엇인가? 바로 상사가 성취하고자 하는 결과가 당신에게는 공동의 목표다. 왜 그럴까? 상사의 목표에서 당신의 몫을 수행하려면, 상사가 당신에게 기대하는 결과와 영향을 발휘하기 위해 고객이나 동료, 직속 부하직원 등 다른 사람들과 함께 일해야 하기 때문이다.

'직장에서의 아웃워드 마인드셋' 체계를 활용하면서 당신의 역할을 재정립하기 위해 다음과 같은 질문을 해보자.

- 상사에 대하여 – 상사의 목표에 대한 분명한 이해가 있는가? 그 목표를 더 알아내기 위해 내가 할 수 있는 것은 무엇인가? 상사의 목표에 기여하는 데 내가 책임이 있다는 것을 확실하게 하기 위해 무엇을 해야 할까? 상사가 목표를 성취하도록 내가 돕고 있다는 것을 확인하기 위해 누구와 일해야 할까?
- 고객에 대하여 – 내 고객은 누구이며 내가 도울 수 있는 그들의 목표는 무엇인가? 실제로 내 노력으로 인해 그들이 도움을 받는지 어떻게 측정할 것인가?

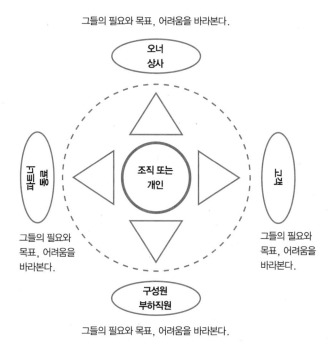

그들의 필요와 목표, 어려움을 바라본다.

오너
상사

파트너
동료

조직 또는
개인

고객

그들의 필요와
목표, 어려움을
바라본다.

그들의 필요와
목표, 어려움을
바라본다.

구성원
부하직원

그들의 필요와 목표, 어려움을 바라본다.

- 동료에 대하여 – 내 업무로 영향을 받는 동료는 누구인가? 그들이
  자신의 목표를 이루기 위해 능력을 발휘하는 데 내가 도움이 되
  는지 아니면 방해가 되는지 알고 있는가?
- 직속 부하직원에 대하여 – 내 직속 부하직원의 능력이 향상되고
  있는가? 팀 전체의 공동의 목표를 설정하기 위해 그들과 일한 적

이 있는가? 그들은 자신이 목표에 어떻게 기여하고 있는지 이해하고 있는가? 그들은 직장에서의 각 방향에서 자신이 끼치는 영향에 책임을 지고 있는가? 이 일을 돕기 위해 내가 무엇을 할 수 있는가?

당신이 조직에서 어떤 위치에 있든지, 공동의 목표에서 당신이 맡고 있는 핵심적 부분을 성취하는 관점에서 당신의 업무에 대해 다시 생각해볼 수 있다.

당신이 리더라면, 자신의 역할에서 이 일을 할 수 있고, 또한 당신의 팀이나 부서와 함께 일하며 공동의 목표에 따라 가이딩 체계를 개발할 수 있다.

만약 당신이 경영진이라면, 이 아웃워드 마인드셋 작업을 조직 전체에 적용하기 위한 가장 중요한 기초를 만들 수 있는 기회를 가졌다. 서로를 위해 모두 함께 일해야 하는 공동의 목표가 없다면, 아웃워드 마인드셋 문화가 유지되기 어렵다. 하지만 무엇보다 중요한 공동의 목표를 가진다면, 아웃워드 마인드셋 문화를 성공적으로 만들기 위해 당신이 할 수 있는 구체적인 일들이 많이 있다. 그 중 세 가지에 대해 다음 장에서 알아보도록 하겠다.

Chapter 13

사람들이 자발적으로
책임감 있게 일할 수 있도록 하라

자신은 미처 깨닫지 못하지만 너무나 많은 리더들이 리더십의 역할은 '통제'라고 생각한다. 그들은 플라톤의 '분업'을 신봉하는데, 사상가이자 정치 철학자인 한나 아렌트는 이를 다음과 같이 논한다. "분업의 원리는 수천 년 동안 정부와 군대의 조직 구조에 지대한 영향을 미쳤다.[20] 산업혁명이 일어나면서 군주제와 군대와 같은 집단적 행동은, 계획하기와 실행하기 두 가지 측면으로 진행됐다. 따라서 대부분의 조직이 계층적으로 나뉘어 있다. 즉, 마음과 몸, 머리 역할을 하는 사람과 이를 뒷받침하는 사람, 지식을 가진 사람과 일하는 사람, 조종하는 사람과 조종 당하는 사람으로 나뉘어 있는 것이다."

이렇게 '이끄는 자와 이끌어지는 자'의 구분이 지나치게 고착화된 조직은 서로 남 탓을 하고 변명하는 일로 가득한 경우가 많다. '실행'하는 임무가 주어진 사람들은 성과가 좋지 못하면 계획이 비현실적이고, 아무것도 모르는 사람이 세웠다고 탓한다. 한편 '계획'하는 사람들은 실패의 이유로 항상 실행력이 떨어지는 사람들을 탓한다. 리더들은 더 책임감 있게 일하기를 부르짖지만 대부분의 조직이 일하는 방식은 끊임없이 책임감을 떨어뜨리는 결과를 낳는다.

아웃워드 마인드셋을 가지면 리더들은 직원들이 충분히 책임감을 가질 수 있도록 배치한다. 이 말은 리더들은 직원들이 자신의 업무를 책임감 있게 계획하고 실행하도록 권한을 준다는 뜻이다. 가족 내에서의 다음의 사례를 생각해보자.

수년간 존과 실비아 해리스는 자녀들에게 집안일을 시키는 문제로 어려움을 겪었다. 매주 같은 일이 반복됐다. 아이들은 자신들이 기본적으로 해야 할 집안일을 하지 않았고, 부모는 화를 내며 아이들의 일을 대신 처리하거나 더러운 채 그대로 방치하곤 했다. 어떻게든 집안일을 하게 하려고 아이들에게 심하게 말하거나 실망한 기색으로 아무 말도 하지 않는 방법 사이에서 갈팡질팡하면서 개입을 했다. 그들의 시도는 아무런 효과도 없었다.

그런데 어느 날 해리스 부부는 자신들이 집안일에 대해서 '생각하는 사람과 실행하는 사람'으로 구분 짓고 있다는 것을 깨달았다.

아이들이 어렸을 때는 당연히 부모가 대부분의 일을 생각하고 계획했다. 하지만 존과 실비아는 자녀들이 성장하고 나서도 이 방법을 바꾸지 않았다는 것을 깨달았다. 이 부부는 여전히 자녀들에게 그들이 해야 하는 역할을 제시해주었고, 가족의 커다란 계획 속에 그들이 어떤 역할을 차지하고 있는지 알려줬다. 부모들이 생각하는 사람이었고, 자녀들이 행하는 사람이었다.

이 깨달음을 통해 존과 실비아는 방법을 조정했다. '아이들이 계획을 세우도록 하면 어떨까?'라는 고민을 했다. 실비아는 자신이 중요하게 생각하는 일들을 아이들이 빠뜨릴까 봐 걱정이 됐다. 하지만 최선을 다하길 바라면서 존과 실비아는 아이들이 해야 할 일은 무엇이고, 누가 할지, 그리고 언제까지 할지 등을 결정하는 방법을 아이들에게 생각해보라고 했다.

토론을 하면서 아이들은 더 폭넓게 생각하고자 했다. 한 아이가 물었다. "가족이 함께 즐길 수 있는 일은요? 부모님은 항상 우리에게 '이것 해라, 저것 해라.' 하시잖아요. 우리가 가족으로서 즐길 수 있는 일도 말해도 되나요?"

이와 같이 가족들은 함께 이야기하면서 같이 계획하고 서로 반대하기도 하고 양보하기도 했다. 그들은 어머니와 아버지, 그리고 다른 형제자매들이 무엇을 필요로 하는지 점차 알아갔다. 자신들이 할 수 있는 일, 그리고 자신들이 해야 하는 일이 무엇인지를 생각해내기에 훨씬 좋은 여건이 마련되었다. 아이들은 자기들이 할 일을 계획했고, 가족의 즐길거리를 계획해나갔다. 그리고 계획대로 되지 않을 경우에 대한 대책까지도 세웠다. 이 과정을 통해, '행하는 사람들'은 '계획하는 사람들'이 되었고, '계획하는 사람들'은 '행하는 사람들'과 역할을 공유했다. 이러한 변화로 가사일 분담이 훨씬 나아졌고, 가족간의 관계도 더 좋아졌다.

이는 조직에서도 통한다. 아웃워드 마인드셋으로 운영되는 조직의 중요한 특징은, 업무의 실행뿐 아니라 계획에도 조직 구성원들이 온전히 능력을 발휘하도록 하고, 이를 위해 의욕을 불어넣는다는 데 있다. 여기서 '온전히 능력을 발휘해서'라는 말은, 그들의 의지와 마음을 포함한 모든 능력을 활용하는 것을 뜻한다. 아웃워드 마인드셋으로 일하는 사람들은, 말하자면 '자신의 모든 것'을 발휘한다.

자, 이제 당신은 아마 이렇게 생각할지도 모른다. '해리스 가족에게 이 방법이 통했다면 그들에게는 좋은 일이다. 하지만 우리 가족이나 우리 회사에는 절대 통하지 않을 것이다. 우리 아이들에게 집안일에 대한 생각을 이야기해보라고 하면 아마 이런저런 핑계를 댈 것이다. 그리고 회사 사람들은 계획은 물론이거니와 자기 업무에도 거의 머리를 쓰지 않는다.' 아마 당신이 예전에 다른 사람들에게 협력을 요청했지만 참여를 얻지 못했던 경험에서 그런 생각을 할지 모르겠다.

댄 펑크의 상황이 그러했다. 얼마 전 자신이 한 의료시설을 인수했을 때 그 상태가 생각보다 심각한 상황이었는데, 그곳의 대표직을 하면서 발생한 일이다. 새로 인수한 회사의 직원들은 경영진들이 요구하는 것만 하는 것에 익숙해져 있었다. 댄은 생각 없이 일하는 방식에서 벗어나기를 요청했지만 그들은 별로 반응이 없어 보였다. 그래서 그는 일을 재정비하려고 리더들을 불러 회의를 소집했다.

댄이 말을 시작했다. "자, 여러분. 우리 함께 그냥 브레인스토밍을 해봅시다. 여러분에게 주어진 예산에 어떠한 제약도 한계도 없다고 칩시다. 지금까지 이곳에 있는 환자들에게 어떤 일을 해주고 싶다고 생각했습니까? 이들에게 제공해주고 싶었던 특별한 서비스가 있습니까? 어떤 제한도 없습니다. 머뭇거리지 말고 그냥 마음껏 아이디어를 내보십시오."

놀랍게도 아무도 아무 말도 하지 않았다. 댄은 그곳에 모인 리더들을 한 명, 한 명 둘러보며 어떤 반응이라도 끌어내보려고 노력했다.

아무 말도 없었다.

'어떻게 아무도 의견이 없을까?' 댄은 의아했다. 그때 댄은 이전의 경영진이 가졌던 내부지향적이고 통제하는 성향 때문에 이 시설의 모든 직원들도 마찬가지로 내부지향적 성향을 갖게 되었다는 것을 깨달았다. 직원들은 주위 사람들의 필요사항에 응답할 수 있는 자유가 거의 허용되지 않았기에 주변의 그런 필요를 이해하려는 노력을 딱 그만두었다. 자율적으로 사고하고 일하는 것이 거의 허용되지 않았기 때문에 그들은 조직과 고객, 즉 환자들을 위해 '머리 쓰기'를 멈춰버린 것이다. 마치 다른 사람들의 목표와 필요에 반응하고 바라보는 능력이 근육이라면, 그 근육은 사용하지 않아서 위축되고 퇴화되어버린 것과도 같았다.

그래서 댄은 다른 방법을 시도했다. 모든 직급의 사람들과 같이 일하면서 관계를 형성해가기 시작했다. 그들과 함께 일하면서 그들로부터 자신들이 맡고 있는 업무 프로세스의 개선 방법에 대한 아이디어를 듣고자 했다. 댄은 그들이 스스로의 가능성을 볼 수 있는 기회를 포착할 수 있도록 이러한 질문들을 했다. "어떤 일을 더 개선해야 한다고 보시나요? 환자에게 무엇이 필요한가요? 어떤 일을 하면 그들의 기분이 더 나아질까요?"

이 일을 하는 과정에서 댄은 자기 자신의 아이디어를 내세우려는 유혹을 뿌리쳐야 했다. 댄은 이렇게 말한다. "어떤 사람이 아이디어를 냈을 때 그것을 발전시키고 실행할 수 있도록 허용하는 것이 중요하다는 것을 알게 됐습니다. 어떤 일을 위해 더 나은 방법이 있다는 것을 알지만, 그들이 낸 아이디어가 해를 끼치거나 우리를 방해하는 것이 아니라면, 그 아이디어를 시행하도록 하고 그것이 어떤 영향을 미치는지, 어떻게 더 발전해갈 수 있을지 스스로 깨닫도록 하는 것이 더 중요합니다. 다른 사람들의 아이디어를 실행해

보면 내가 생각해낸 것보다 훨씬 더 낫다는 것을 수없이 경험하면서, 저는 끊임없이 놀라움과 감동을 느낍니다."

직원들이 동료와 환자들에게 자신들이 미칠 수 있는 영향을 확인하면서 얻은 즐거움은 다른 곳으로 퍼져나갔다. 곧 이 의료시설 내 직원들은 주위 사람들에게 더 도움을 주기 위해 스스로 일을 조정하며 더 많은 영향을 주기 위한 방법을 찾아갔다.

그럼에도 주변의 필요에 너무나 관심이 없는 직원들도 간혹 있었다. 그들은 생산적이거나 도움이 되는 일에 전혀 참여하지 않을 것 같았다. 환자의 입원 절차를 담당하는 책임자가 그런 사람 중 하나였다. 댄은 그 사람이 전혀 변하지 않을 것이라 생각하고 그 직원을 해고하려고 결심했던 초창기 때의 상황을 떠올렸다.

댄이 전혀 예상치 않은 일이 일어났다. 어느날 그 직원은 머뭇거리며 댄에게 다가왔다. 그리고 자신이 업무를 확장시켜보고 싶었지만 기회가 한 번도 주어지지 않았다고 말했다. 그녀는 입원 절차를 담당하는 일 외에 추가적으로 자신의 집 근처에 있는 아주 작은 병원에 가서 자매결연 업무를 해볼 수 있는지 알아보고 싶다고 요청했다. 병원에서는 그 시설에 한 번도 환자를 보낸 적이 없었기에 잃을 것도 없었고, 댄은 이 일을 통해 그녀가 어떤 일을 할 수 있을지 알아볼 기회가 될 것이라 생각했다.

댄이 회상하며 말했다. "한 달이 지났을 무렵, 그녀가 애쓴 결과로 우리 시설에 수많은 환자가 밀려 들어오기 시작한 것을 보고 너무 놀라서 말문이 막혔습니다." 댄은 그때의 상황을 떠올리며 감정이 다시 북받쳐 올랐다. "저는 보기를 저항했지만 그녀는 자신 안의 잠재력을 보았습니다. 그녀의 삶은 이 경험을 통해 엄청나게 변했습니다. 그리고 제 삶도 바뀌었습니다. 저는 사람들에게 적절한 기회를 주기 전에는 절대로 그 사람의 능력을 예단하지 않기로 결심했습니다. 기회만 주어졌다면 수많은 사람들이 대단한 일을 해냈을 텐데, 제가 떠나보낸 이들을 생각하면 정말 마음이 아픕니다."

댄은 이렇게 결론을 내린다. "제 생각을 다른 사람들에게 강요하여 그로 인해 그들이 스스로 생각하기를 허용하지 않는다면, 저는 도움이 되는 것이 아니라 방해가 된다는 것을 깨달았습니다. 모든 문제에 대한 해결책을 주는 것이 리더의 역할이 아닙니다. 자신이 직면한 문제를 들고 오는 사람들에게 '음, 정말 어려운 문제 같네요. 우리가 어떻게 그 일을 해결해야 할지 당신이 생각하는 최선의 방법을 알려주세요. 기다리겠습니다.'라고 말할 수 있어야 합니다. 결국, 리더십은 제가 리더로서 무엇을 성취해낼 수 있는가로 측정되는 것이 아닙니다. 리더십은 내가 이끄는 직원들이 무엇을 성취했는지로 측정됩니다."

로브 앤더슨은 개인과 기업고객 대상의 냉난방시설 사업을 관장하는 대기업의 CEO다. 그는 개개인의 능력과 잠재력을 끌어올리는, 다시 말해 자신의 전부를 발휘하는 아웃워드 마인드셋을 적용하기 위해 자신의 경영진들을 모았다. 그들이 회사의 고객 상담원들이 어떻게 일하고 있는지 재고해보는 것을 시작으로 로브는 아웃워드 마인드셋을 도입했다. "고객 상담원의 필요와 어려움, 목표에 대해 생각하기 시작한다면 우리에게 어떤 일이 일어날까요?"

한 임원이 대답했다. "고객 상담원들의 이름을 알아가는 것부터 시작할 수 있을 것 같습니다." 회의실에 모인 다른 사람들도 고개를 끄덕였고, 자발적으로 그들이 아는 상담원들의 이름을 최대한 많이 대려고 노력했다.

"그리고 그 일을 하는 것이 어떤 것인지 더 알아보고 싶어요. 우리도 그들과 합류해서 그들에게 하라고 한 일들을 우리도 함께 해보는 노력을 해야 할 것 같습니다. 우리도 그 일을 좋아하는지 알아보기 위해서죠." 다른 사람이 말했다.

"그 일을 하루 시도해본 적이 있는데 일이 끝나지가 않더라고요. 저는 절대로 못 할 것 같아요."

"그런데 그들은 우리보다 훨씬 적은 돈을 받고 있죠." 또 다른 사람이 맞장구를 쳤다. 이 말에 모두들 잠시 생각에 잠겼다.

로브가 이렇게 물었다. "고객 상담원으로 일한다는 건 어떤 걸까요?" 경영진들은 고객 상담원들의 열악한 업무 환경에서부터 고객들의 불만을 처리해야 하는 압박까지, 그리고 회사 내 다양한 부서에서 그들에게 요구하는 일들까지 상담원의 업무 현실에 대해 토론했다.

그 중 한 사람이 말했다. "여러분도 알다시피, 우리는 그들의 일을 이해하지 못하고 처우를 거꾸로 해놨어요. 우리는 그저 그들에게 그들이 해야 할 일들을 지시하기만 하고 그들이 내놔야 할 목표만 말했습니다. 그들의 업무는 힘겨울 수밖에 없을 것입니다."

이 시점에 한 임원이 이 모든 일련의 생각에 반대하는 비판적인 이야기를 시작했다. "그렇다면 우리는 무슨 일을 해야 하나요? 그들이 하고 싶은 대로 내버려두나요? 그들은 우리가 그들에게 요구한 업무를 해내야 합니다. 우리의 성과는 거기에 달려 있다고요."

반대 의견은 강력했다. 하지만 이는 무엇을 어떻게 해야 할지 알려주지 않으면 직원들은 일을 해내지 못할 것이고 미덥지 못하다고 생각한 데서 나온 의견이다. 해리스 가정에서 그랬던 것처럼 생각하는 사람과 행하는 사람으로 구분 짓는 것과 똑같다. 그 가정이 진정으로 변하기 위해서는 이러한 생각을 버려야 했다. 그리고 이런 생각을 계속 갖고 있었다면 댄 회사의 입원 절차 업무 책임자의 잠재력은 사장되었을 것이다.

공동의 목표 속에서 직원들이 이루어야 할 목표를 결정하는 일에는 그들도 함께 참여시켜야 한다. 모두가 사고할 수 있는 능력이 있다. 조직 안에 있는 모든 사람은 능력을 발휘해서 자신의 역할을 생각해보고 실행할 수 있어야 하고, 또한 조직의 목표 설정에 참여할 수 있도록 격려 받아야 한다.

아웃워드 마인드셋 패턴을 활용하여 고객 상담원을 향한 접근방법에 대해 다시 생각해본 후, 로브와 그의 동료들은 고객 상담원들의 역할을 다시 한 번 재고해야 한다는 유혹을 물리칠 수 있었다. 효과적인 리더십을 발휘하기 위해 로브와 그의 팀은 고객 상담원들이 스스로 아웃워드 마인드셋 패턴을 활용해 자신들 역할의 본질을 책임감을 갖고 찾아가도록 지원해줄 필요가 있었다. 8장에서 다룬 내용을 뒷 페이지 [도표16]에 다시 나타냈으니 한번 살펴보자. 이는 아웃워드 마인드셋 접근법이 개인에게 무엇을 원하는지 나타낸다.

아웃워드 마인드셋 패턴을 적용하려면 고객 상담원들은 경영진을 포함해 자신들이 영향을 미치는 사람들의 목표에 대해 이해해야 한다. 그리고 자신들의 역할이 조직에 더 큰 도움이 되려면 어떤 조정들이 필요한지를 결정하기 위해 창의력을 십분 발휘하여 조직에 필요한 일을 해나갈 수 있도록 변해야 한다. 또한 각각의 노력이 창출한 효과와 조직 전체에 미친 영향을 측정해야 한다.

아웃워드 마인드셋 접근법이 조직 내의 상사, 부하직원, 그리고 회사 전체로 용이하게 확장될 수 있는 이유는, 개인적 차원에서 이루어지는 아웃워드 마인드셋 작업이 개별 팀, 아니 전체 조직, 기업에 동일하게 적용되기 때문이다. [도표17]은 기업 차원에서의 아웃워드 마인드셋을 보여준다.

이 두 가지 도표를 비교해보자. 개인과 조직 전체는 둘 다 고객이

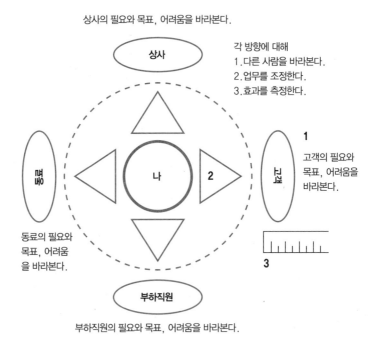

상사의 필요와 목표, 어려움을 바라본다.

각 방향에 대해
1. 다른 사람을 바라본다.
2. 업무를 조정한다.
3. 효과를 측정한다.

고객의 필요와 목표, 어려움을 바라본다.

동료의 필요와 목표, 어려움을 바라본다.

부하직원의 필요와 목표, 어려움을 바라본다.

있다. 그리고 둘 다 직속 상관이 있다. 개인의 경우에는 상사이고, 기업의 경우에는 이사회 멤버나 주주가 될 것이다. 또한 둘 다 동료가 있다. (기업의 경우, 공급자도 동료에 포함될 수 있다.) 그리고 조직의 모든 상사에게는 부하직원이 있고, 마찬가지로 기업은 직원 전체를 책임지고 있다.

아웃워드 마인드셋 접근법은 개인이나 팀, 조직 등 어떤 차원에

[도표17] 아웃워드 마인드셋 패턴 - 조직

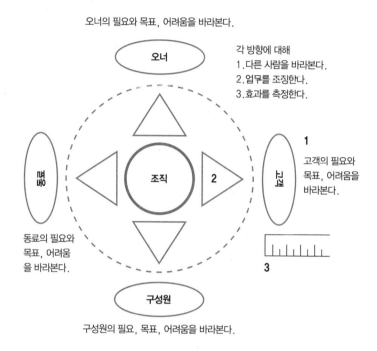

오너의 필요와 목표, 어려움을 바라본다.

각 방향에 대해
1. 다른 사람을 바라본다.
2. 업무를 조정한다.
3. 효과를 측정한다.

고객의 필요와 목표, 어려움을 바라본다.

동료의 필요와 목표, 어려움을 바라본다.

구성원의 필요, 목표, 어려움을 바라본다.

서 일하든지 모두 동일하게 적용된다. 따라서 모든 직원들이 자기의 역할을 재검토하고 조정해나가는 것과 동일한 방법으로 조직의 리더들도 기업 차원에서 조직의 업무를 재검토할 수 있다.

이 구조화된 도표를 명확하게 작성하기 위해서는 조직 내 각각의 사람들, 각 팀, 각 부서와 조직 전체가 각각 '직장에서의 아웃워드 마인드셋' 도표를 그리도록 도와야 한다. 자신이 책임감을 가져야 할 사람이 누구인지, 그리고 그들에 대해 완전히 명확하고 투명하게 알고 있는 직원들과 팀으로 구성된 조직을 상상해보라. 또한 그들이 성공할 수 있도록 돕는 일에 헌신적인 사람들을 생각해보라. 모든 부서가 외부지향적으로 초점을 맞춰서 일해야 한다는 것을 이해하고 있고, 이를 위한 운영 툴이 갖춰진 조직을 상상해보라. 기업 자체가 그 사명(Mission)과 전략에서부터 구조와 시스템이 모두 이 방식으로 재검토되어 전 조직이 최대치의 영향을 이끌어내도록 조율되어 있다고 상상해보라.

또한 당신이 조직 전체를 살펴보고 내부지향적인 방식으로 일하는 개인이나 팀을 봤을 때, 당신의 시간과 관심을 어디에 더 투자해야 할지 결정할 수 있다고 상상해보라. 그리고 당신이 조직에 있는 모든 사람이 직장 내 각 부문의 사람들에 대해 스스로 책임감 있게 관리하고 지속적이고 효과적으로 노력을 조정하도록 도울 수 있다고 상상해보라. 만약 당신이 아웃워드 마인드셋을 이 정도까지 확장할 수 있다면 조직의 생산성은 어떻게 될까?

Chapter 14

우월의식을 버려라

13장에서 다룬 '이끄는 사람과 이끌어지는 사람'의 구분은 '차이의 함정'을 통해 드러난다. 이 말은 오직 우선권이 있는 사람만 즐길 수 있는, 겉으로 드러나는 지위를 뜻한다. 우리의 마인드셋이 내부 지향적일 때 이 차이는 별 문제가 되지 않는다. 그들은 잘 대접받고 있는 것으로 보인다. 반대로 우리가 아웃워드 마인드셋일 때는, 우리가 중요하듯이 다른 사람도 중요하다는 것을 알게 된다.

앞서 1장에서 마크 밸리프와 폴 허바드의 경험을 통해 리더십에서 가장 중요하다고 생각하는 것은 바로 '겸양'임을 피력했듯이 겸양은 우리에게 매우 중요한 특징이다. 다른 사람들은 우리만큼 중요치 않다는 생각으로 소통하는 정책이나 관행은 외부지향적인 조직을 만드는 데 장애물이 된다.

런던에 있는 고객과 일할 때였다. 우리 아빈저연구소 컨설턴트 두 명이 고객사 본사에 처음 방문해 엘리베이터를 타고 그 건물의 꼭대기 층을 눌렀다. 그러자 엘리베이터 안에 있던 사람이 "아, 꼭대기 층이군요." 하고 말했다. 그의 목소리에서 다소 부정적 어감이 느껴졌다. 그 말 뒤에는 '그러니까 당신들은 높은 사람이라 생각하는 거지?'라는 분명한 메시지가 전달됐다. 이 사람이 언급한 내용을 통해서 이 회사의 어려움 중 한 가지는 아마 리더들이 자신들을 다른 직원들로부터 분리하는 정책을 사용한 데서 온 것임을 알 수 있었다.

어떤 회사의 경우에는 경영진만 따로 모여 있는 사무실을 운영하는 마땅한 이유가 있을지도 모른다. 하지만 그런 경우일지라도 왜 건물의 가장 높은 층에 그들을 모아 놔야만 하는지 의문의 여지가 있다. 중간층은 안 될까? 지하층은 왜 안 될까? 그들이 즐기는 특권의 함정에 대해 의문을 갖는 리더들이 있고, 차이가 존재하지 않는 명확한 이유를 가진 회사는 이렇게 회사 내 다른 사람들과 자신들 사이의 구분을 허물 의지가 있으며, 그런 회사는 마인드셋 변화가 더 성공적일 가능성이 높은 환경을 만들어낸다.

이것은 모든 상황에서 통하는 사실이다. 예를 들어, 한 어머니가 자신에게는 관대하게 규칙을 정해 놓고, 자녀들에게는 엄격하게 적용한다면 그 어머니는 자녀에게 긍정적인 마인드셋의 변화를 일으키기가 힘들다. 부모 자신에게 더 관대한 규칙을 적용한다는 것은 자녀보다 자신이 더 중요하다는 생각을 나타내는 것이고, 그렇다면 자녀들은 더 많이 저항하게 되고 심지어는 어머니와 그 규칙에 대해 분노를 느끼게 될 것이기 때문이다. 부모가 자녀들에게 적용하는 규칙을 그대로 자신에게 적용한다면 자녀 양육이 더 성공적일 것이다.

물론, 부모와 자녀는 책임 등 여러 면에서 차이가 존재하기 때문에 그들이 하는 상당수의 일에 있어서도 늘 차이가 있기 마련이다. 직장에서도 마찬가지다. 최고경영자는 대학을 막 졸업한 신입사원과는 다른 차원의 책임이 있기 때문에 이 두 사람에게 회사에서의 모든 일들이 동일하게 적용될 것을 기대하는 사람은 아무도 없다. 하지만 자신들이 다른 직원들에 비해 누리는 특권을 최소화하는 CEO와 리더들은 자신의 특권을 즐기는 리더들에 비해 직원들로부터 훨씬 더 큰 차원의 헌신과 몰입을 이끌어낼 수 있다.

우리가 8장에서 얘기했던 앨런 멀랠리가 처음에는 보잉 사에서, 다음에는 포드 사에서 그와 같이 긍정적인 변화를 이끌어낼 수 있었던 가장 큰 이유가 바로 이것이었다. 멀랠리가 처음 보잉 사에 있었을 때와 나중에 포드 사에 있었을 때 전 직급의 직원들에게 사랑받았던 이유 중 큰 부분은 '리더십의 함정'을 잘 피했기 때문이었다. 그는 자신이 거물이라는 인상을 심어주지 않았다. 예를 들어, 포드 사의 경영진을 위한 호화로운 식당에서 식사하는 대신 구내

식당에서 직원들과 마찬가지로 줄을 서서 식판을 받아 식사를 했다. 그는 경영진 BPR 회의에서 옆 자리에 앉아 있는 임원을 대하듯 구내식당 대기 줄에 있는 직원들에게 귀를 기울이고 배우고자 했다. 단지 조직도상 맨 꼭대기에 위치하고 있다고 해서 다른 동료 직원들과 자신을 분리시킬 필요도 바램도 전혀 없었다.

조직에서 마인드셋 변화가 다음 단계로 진전되는 것은 자신의 다음 단계, 즉 직속 상사에게서 진정한 변화가 일이나는 것을 볼 때 비로소 가능하다는 것은 잘 알려진 바이다. 리더들이 자신이 마땅히 누릴 수 있는 특권에 대해 스스로 의문을 가져볼 때 그들에게 확실한 변화가 일어난다. 도움이 되는 변화를 촉발하기 위해 리더들은 다음의 질문을 자신에게 던져볼 수 있다. "우리에게 특별 주차 구역이 필요한가? 최고의 사무실 공간이 필요한가? 건물 안에서 다른 식당을 이용하거나 더 좋은 사무실 공간에 있음으로써 직원들과 우리를 분리시키지는 않는가? 소수만 누리는 혜택을 다른 사람들도 누릴 수 있도록 만들 수는 없을까? 없앨 수 있는 '실권자'의 함정이 있는가? 만약 우리가 스스로에게 관대하게 대한다면 다른 직원들에게도 마찬가지로 관대한가?" 이와 같은 질문을 던져보자.

8장과 9장에서 살펴봤듯이 인워드 마인드셋에서 아웃워드 마인드셋으로 바꾸기 위한 방법은 아웃워드 마인드셋 패턴을 적용하는 것이다. 조직의 관습과 관례에 대해 의문을 제기할 때, 아웃워드 마인드셋 패턴을 활용하면 된다. 조직 내의 다른 직원들은 어떤 경험을 하고 있는지 주의 깊게 고려하는 질문을 던져봄으로써 시작할수 있다.

"이 조직의 직원으로 일한다는 것은 어떤 것일까? 직원들은 가치 있게 대우 받는다고 느낄까? 이해받는다고 느끼고 있는가? 직장 내의 어떤 차이나 구분이 그들을 어렵게 할까? 그들을 덜 중요한 사람으로 느끼게 하는 차이들은 어떤 것들이 있을까?"

그 다음에는 어떤 조정을 하면 그들에게 더 도움이 될지에 대한 아이디어가 떠오르게 만드는 질문을 던져보자.

"우리가 그들을 가치 있게 여기고 인정하고 있다는 것을 이해하게끔 도우려면 어떤 일을 할 수 있을까? 다른 사람들의 시각과 관심사를 더 충분히 이해하기 위해서 무엇을 할 수 있을까? 최근 회사에 존재하는 리더십의 함정은 무엇인가? 이러한 함정이나 차이 중에 어떤 것이 사업적으로 도움이 되고 어떤 것이 도움이 되지 않는가? 조직 내의 리더들과 다른 직원들 사이에 존재하는 구분을 허물기 위해 무엇을 할 수 있을까?"

마지막으로 이러한 변화의 영향을 어떻게 측정하고, 계속 일어나는 차이를 어떻게 지속적으로 재평가할 것인지 생각해보라.

"직원들과 촘촘히 연결되기 위해 무엇을 할 수 있을까? 조직 내전 직급의 사람들로부터 받는 피드백과 제안에 열린 마음을 갖기위해 어떤 것을 할 수 있을까? 어떻게 하면 우리가 리더로서 다른 이들과의 불필요한 차이를 없애는 일에 대해 우리 자신을 지속적으로 점검할 수 있을까?"

수년 전, 당시 매디슨스퀘어 가든(Madison Square Garden, 뉴욕에 있는 실내 종합경기장으로 미국 프로농구팀 뉴욕 닉스의 홈구장 _ 옮긴이 주)의 스포츠 부서를 이끈 스콧 오닐이 우리에게 지도자 교육을 문의했다. 우리 직원 중 한 명이 뉴욕에서 스콧과 그 부서의 리더십 팀을 만났다. 몇 시간 회의를 하면서 우리는 그들에게 차이에 대한 굉장히 중요한 사실을 깨닫게 해주는 질문을 던져보았다. "이 조직 내에서 자신들이 '대상'으로 여겨진다는 것을 가장 심각하게 느끼는 사람이나 그룹은 누구일까요?"

이들은 리스트를 작성하면서 고객 최접점에 위치한 직원들이 스스로를 가장 '대상'처럼 느낄 수 있다는 사실에 심각성을 느꼈다. 매디슨스퀘어 가든의 매표소 직원들과 안내원들이 바로 그들이었다. 이 사람들은 아마 무시되고 인정 받지 못하며 대수롭지 않은 취급을 받는다고 느낄 거라는 생각이 들었다. 그러자 리더들은 순간 걱정이 되었다. 고객들을 대하는 이 사람들이 만약 자신들이 대상으로 취급받는다고 느낀다면 그들은 고객들을 어떻게 바라보고 응대할 것인가? 조직 내의 다른 직원들과 비교해볼 때 고객의 최접점에 위치한 직원들의 처우 방식에 있어서 구분을 허물기 위해 무엇을 해야 할지 리더들은 생각하기 시작했다.

매디슨스퀘어 가든의 리더들은 시합이 있는 날 시간제 근무로 일하는 직원들의 이름과 경력에 대해 알아가는 데 합심하여 노력하기 시작했다. 정기권 이용자들이나 스폰서 회사들과 마찬가지로 이 직원들이 조직을 위해 가치 있는 사람들이라는 사실을 알게 됐고, 리더들과 정규직 직원들은 제대로 된 태도와 행동을 통해 이 사실을 전달해야 한다는 것을 깨달았다. 이들은 시간제 근무 직원들에게 일을 부탁할 때 직원들이 무시당한다는 느낌을 갖지 않아야 한다고 생각했다. "바닥에 휴지가 떨어져 있다면 주우십시오." 이 말은 매디슨스퀘어 가든의 리더들과 정규직 직원들의 슬로건이 됐다. 이것은 차별을 무너뜨리는 여러 방법 중 하나였다. 이와 함께 또 다른 방법들을 실행한 결과, 회사 안에서 '우리는 모두 함께 한 배를 탔다'는 정신이 퍼져나갔다.

여러 병원을 운영하는 한 의료회사에서도 그들의 조직 내에서 위와 똑같은 문제를 발견해 우리에게 의뢰한 적이 있다. 응급실에서 일하는 사람들은 '대상'으로 취급받는다는 느낌을 가장 크게 받는데, 이들이야말로 환자가 처음 접하는 사람들이고 병원에 대한 첫인상을 결정하는 사람들이다. 접수를 받는 직원들이나 보험 문제를 처리하는 사람들과 같은 수많은 직원들도 마찬가지다. 놀랍게도 이 직무에 종사하는 직원들은 의료산업에서 '업무보조'라고 알려져 있다. 이 '보조'라는 단어가 전달하는 것이 무엇인지 생각해보라.

의사, 간호사, 기술자들이 '보조'라는 글자 그대로의 방식으로 그 해당 직군 사람들이 일을 하리라고 간주해보았을 때, 그들은 매디 슨스퀘어 가든의 리더들이 인식하게 된 것과 같은 사실을 직감했 다. 환자들이 이 병원에서 하는 경험은 '업무보조'로 취급받는 사람 들의 경험 그 이상이 될 수 없을 것이다. 매디슨스퀘어 가든의 리더 들과 마찬가지로 이들은 직장 내 차별에 대해 다시 생각하기 시작 했다.

멘로 이노베이션Menlo Innovation이라는 아주 뛰어난 소프트웨어 디 자인 회사에서 리처드 쉐리던과 그의 동료들은 차별을 극복하는 일을 포함해 많은 일에서 매우 훌륭하다. 멘로 사에 근무하는 모든 직원은 한 공간에서 함께 일한다. 거기에는 리처드도 포함된다. 모 든 직원의 책상은 똑같다. 소규모 모임이나 대규모 회의도 이 똑같 은 환경 속에서 이뤄지며 모든 이들이 듣고 배우고 참여할 수 있다.

리처드는 이렇게 말한다. "어떤 사람들은 넓고 규칙이 없는 이 공간 속에 CEO의 자리는 어디냐고 궁금해 하는 사람들이 종종 있 습니다. 고위 직급의 관리자에게 그들의 직급을 드러내 보여주기 위해 스위트룸 수준의 사무실을 제공하는 회사가 대부분입니다. 하지만 우리 회사의 CEO 사무실은 전망 좋은 고급 사무실이 아닙 니다. 저 공간 가운데 있는 테이블과 그 위에 있는 오래된 하얀 애 플 아이맥, 그것도 전체 회사에서 가장 느린 컴퓨터가 전부입니다. 저곳이 바로 CEO로서 내가 앉는 자리죠. 이 사무실 한가운데 앉는 이유는 우리 회사 직원들이 그렇게 정했기 때문이에요. 우리 직원들은 가끔 제가 좀 더 실무와 가까워져야 한다고 결정을 내리고 어려운 프로젝트의 상세내역을 보다 잘 들을 수 있는 곳으로 자리를 정해주기도 합니다. 그런 경우에 그들은 내 책상을 그 프로젝트 담당자들 사이로 바로 옮깁니다. 몇 달에 한 번씩 항상 제 책상 위치는 바뀝니다."[21]

리처드와 그 직원들은 심지어 회사 전체의 함정을 없앴다. 멘로 사를 방문하고 싶으면 미시건 주 앤아버 시에 있는 워싱턴과 리버티 거리 사이에 주차한 다음, 엘리베이터를 타고 지하로 내려가야 한다. 창문 하나 없는 창고 같은 이곳은 한때 7층짜리 주차 건물의 지하식당가와 쇼핑몰이 있던 곳이다. 이곳에서 당신은 매우 성공적이지만 실권자에 대한 특별대우는 허락되지 않는 이 회사를 찾을 수 있을 것이다.

만약 리더들이 이전에는 진지하게 여기지 않던 프로젝트를 진지하게 여기기 시작하고, 자신들과 다른 사람들 사이의 구분짓기를 하나씩 없애기 시작한다면 그들은 이제 마인드셋 변화를 진전시킬 태세를 갖춘 것이다.

Chapter 15

시스템도 아웃워드 방식으로 바꿔라

사고방식, 즉 마인드셋 변화를 성공적으로 이끌기 위해서는 조직의 목표, 시스템, 규정과 프로세스를 재검토하려는 의지가 중요하게 작용한다. 사람에게 권한을 위임하기보다 대상을 관리하도록 고안된 시스템과 프로세스는 부정적인 결과를 초래해왔다. 아웃워드 마인드셋의 관점에서 그런 시스템과 프로세스에 대해 다시 살펴보고자 하는 노력을 기울인다면 조직에 상당한 발전이 이루어질 수 있다.

13장에서 나온 해리스 가족의 이야기를 떠올려보자. 계획을 세우는 과정에서 근본적인 변화가 일어나자 가족 내의 관계와 서로 돕는 일이 확연하게 좋아졌다. 물론 집안일을 포함해 그들의 모든 문제가 해결된 것은 아니다. 하지만 이를 통해 성공뿐 아니라 실패를 다루는 기본 틀 자체가 완전히 달라졌다. 해리스 가족의 새로운 접근법은 그들이 계획을 세우는 방식을 아웃워드 마인드셋 방식으로 전환하도록 했다. 아웃워드 마인드셋 프로세스는 아웃워드 마인드셋의 업무 방식을 고취시키고 강화하고 지지해준다.

다음 페이지에 나오는 두 도표, 〔도표18〕과 〔도표19〕는 모든 조직이 가진 보고 체계, 영업 프로세스, 성과 평가 시스템 등 일반적인 시스템과 프로세스가 동일한 두 조직을 나타낸다.

〔도표18〕 조직에서의 시스템과 프로세스는 안쪽을 향하는 삼각형으로 나타나 있다. 왜냐하면 직원들을 '대상'으로 보는 사람들에 의해 고안되고 실행됐기 때문이다. 인워드 마인드셋 시스템과 프로세스는 회사 전체에 인워드 마인드셋을 불러일으키고 강화시킨다는 것은 쉽게 예상할 수 있다.

반면, 〔도표19〕 조직의 시스템과 프로세스는 조직 내 사람들을 '사람'으로 보는 이들에 의해 개발되고 실행됐다. 이전 두 장에 걸쳐 우리가 함께 살펴봤듯이 직원들을 사람으로 본다는 것은 그들이 '능력이 있다(have brain)'는 것을 인식하고 있다는 뜻이다. 그들은 계획을 수립할 수 있다. 그들은 책임감 있게 실행할 수 있다. 그들은 혁신할 수 있다. 서로에게 도움을 주고 서로를 책임지고자 하며 그럴 수 있는 능력이 있다. 그들은 함께 무언가 흥미진진한 일을 성취하고 계획하고자 한다. 이러한 이유로 인해 외부를 향해 초점

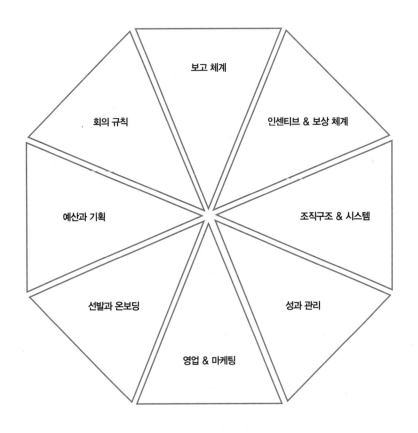

이 맞춰진 시스템과 프로세스는 바깥을 향하는 삼각형으로 표현되어 있다. 타인을 돕도록 고안됐기 때문에 조직 내에 외부지향적인 문화를 유지하도록 이끌고 강화하고 도움을 준다.

조직이 직원들에게 아웃워드 마인드셋을 가지라고 말하면서 대

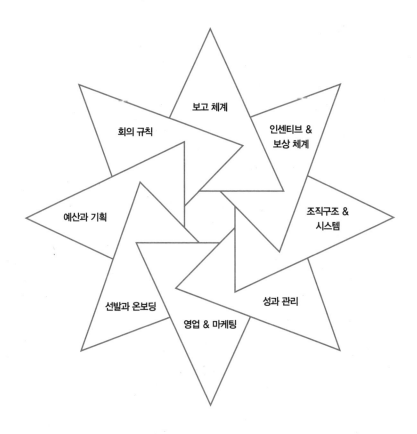

상을 '관리'하기 위해 고안된 시스템과 프로세스를 고집한다면, 결국엔 시스템과 프로세스의 승리로 돌아가고 조직, 고객, 직원과 주주들은 실패에 다다를 것이다.

　직원들을 상호 비교해서 그들의 미래에 대해 결정을 내리는 상대평가 기반의 강제배분 평가 시스템을 예로 들어보자.

한 컴퓨터 기술 관련 다국적 기업의 보안팀은 전 세계 각지에 흩어져 있다. 팀원들이 지리적으로 거리가 멀고 직접 대면하는 상호작용이 없음에도 불구하고, 이 팀에 들어온 새로운 관리자는 아웃워드 마인드셋을 형성시키는 일에 큰 진전을 보였다. 팀원들은 보안서비스 기술을 세계 곳곳에 있는 고객부서에 전달하기 위해 동료들의 필요를 고려하며 각자 자신들의 업무를 조정하기 시작했다.

하지만 연말이 다가오자 이 관리자는 팀원들이 이전의 인워드 마인드셋 행동으로 되돌아가는 것을 발견하게 됐다. 팀원들이 정보를 공유하지 않고 협력하기를 멈추었다. 동료들을 곤란하게 만들든지 말든지 자신의 업무만을 몰아붙였다.

이 일로 낙담한 관리자는 일본, 요하네스버그 등 각지에서 일하는 직원들에게 전화를 걸어 무엇 때문에 이렇게 거꾸로 돌아가고 있는지 물었다. 어떤 직원들은 다른 동료들을 탓하면서 자신들의 인워드 마인드셋 행동을 변호하고 방어하려는 태도를 취했다. 어떤 이들은 아무 일도 일어나지 않았다고 답을 회피했다. 마지막으로 팀원 중 한 사람이 진실을 말해줬다. "그거 아세요? 지금은 연말이고 성과 평가 시기잖아요. 이게 어떻게 돌아가는지 우리 모두 알고 있어요. 부장님은 팀원들을 평가하실 거고, 우리 중 소수만 상위

15퍼센트 안에 들겠죠. 그들만 보너스를 받을 거예요. 그리고 하위 10퍼센트는 해고될 수도 있어요. 이걸 뻔히 아는데 우리가 어떤 행동을 하게 될까요?"

이런 평가 시스템은 어쩔 수 없이 인워드 마인드셋을 불러일으킨다는 것을 알면서도, 직원들을 대상으로 보는 기업들은 실행 가능한 대안을 찾는 데 어려움을 겪는다. 강제배분 방식에서는 각 팀원들을 비교하여 상대평가를 토대로 평가 점수를 매긴다. 이것은 실제 생산성과 성과를 평가하는 것이 아니다. 영향을 미칠 기회를 고려하여 진정한 성과 평가를 한다면, 가령 정해진 10퍼센트라는 숫자보다 훨씬 더 많은 직원들이 해고되어야 한다거나 혹은 해고할 사람이 하나도 없을 수도 있을 것이다. 하지만 조직에서 이 방법을 실행하려면 강제적으로 관리하는 것이 아니라 리더들과 부서장들이 그들의 직원을 실제로 이끌고 성장시킬 수 있도록 맡겨야 한다.

우리는 조직, 특히 큰 규모의 기업에서 어쩔 수 없이 강제배분 방식을 채택하게 되는 이유에 대해 공감한다. 직원들을 평가하라고 관리자에게 요청하면 자기 직원들에게 실제보다 더 높은 점수를 줘야 된다는 압박감을 느끼는 사람들이 꽤 있다. 가끔은 인워드 마인드셋으로 인해 사람들이 자기를 좋아해주기를 바라는 마음 때문이기도 하다. 어떤 경우에는 직원들이 향상되어야 할 부분을 모를 만큼 리더로서 충분한 책임감을 갖고 있지 않는 사람들도 있다. 하지만 평가가 부풀려지는 이유가 무엇이든 간에, 조직은 관리자들에게 직원들을 강제배분을 통해 서열화시킬 것을 요구했다. 앞에서 다룬 것처럼 조직은 이로 인해 어마어마한 비용이 들지만 그럼에도 불구하고 그 선택을 해야 하는 이유는 이해가 된다.

만약 당신이 이렇게 강제배분 평가 체계를 갖고 있는 조직에서 일하고 있고 그것을 바꿀 권한이 없다면 당신에게 아무 방법이 없다는 뜻일까? 그 구조 속에서도 당신이 아웃워드 마인드셋으로 어떻게 일을 할 수 있을지, 그리고 사람들도 같은 방법으로 일하게 도울 수 있을지 생각해보라.

예를 들어, 팀원들을 모아 그들에게 '직장에서의 아웃워드 마인드셋 체계'나 '아웃워드 마인드셋 패턴'에 대해 가르쳐주는 것은 어떨까? 그들이 직장에서 각 네 방향의 사람들에게 자신이 끼치는 영향에 대해 지속적으로 책임감을 갖도록 격려하고, 그들에게 연말 성과 평가는 이런 방식으로 책임감 있게 행동하는 노력을 반영하겠다는 것을 알려줄 수도 있다. 직원들과 정기적으로 만나 그들이 어떻게 하고 있는지 알아볼 수도 있다. 그들과 정기적으로 만나면 그들의 업무 향상을 도울 수 있고 그들의 책임감 수준도 높일 수 있다.

물론, 당신이 직원들과 이렇게 노력한다고 해서 강제배분 방식으로 초래된 왜곡된 결과로부터 시스템 전부를 구제할 수는 없다. 하지만 주어진 시스템 안에서도 당신의 직원들이 더 생산적인 방향으로 성장할 수 있도록 도울 수 있을 것이다. 하고자 한다면, 어떤 시스템도 이를 막을 수 없을 것이다.

조직에서 당신에게 아웃워드 마인드셋으로 일을 하라고 하지만 보상 체계는 인워드 방식인 경우, 기대에 맞지 않는 보상 체계로 어찌할 바를 모를 수 있다. 아웃워드 마인드셋으로 일을 하는 데 있어서 흔히 나타나는 구조적 장애물은 인워드 중심의 성과지표에 있다.

톰 브래킨스의 사례는 이를 잘 보여준다. 톰은 란다Landa Corporation 라는 글로벌 유수 기업의 세일즈 담당 임원이다. 그는 란다 사 최대 고객과의 관계 복원 임무를 부여받았다. 당시, 란다 사는 최대 고객의 우선협상대상자 리스트에서 여섯 번째, 즉 최하위에 있었다. 톰은 고객사로부터 다음 입찰부터 란다 사가 우선협상대상자에서 제외될 예정이라고 들었다. 5,000만 달러(약 565억 원)가 넘는 최대 고객을 상실하는 크나큰 위기 상황에 놓인 것이다.

톰은 직접 핵심인력으로 팀을 꾸려 그 고객사를 지원하는 데 최대한의 노력을 기울였다. 일 년 반이 지난 후, 란다 사는 우선협상대상자의 최우선 순위로 수직상승했다. 불가능해 보이는 전례없는 현상이었다. 회사는 지난 일 년 반 동안 최악의 상황을 벗어나 최고의 위치로 올라왔다. 톰과 그의 팀이 보여준 도움과 지원을 고객사가 충분히 느꼈기 때문이다.

얼마 후, 고객사 담당 임원인 줄리는 톰과 그의 아내에게 자녀 출산을 축하하는 의미로 정성이 담긴 선물을 보냈다. 그러고 나서 바로 축하의 음성메시지도 보냈다. 그 메시지에는 란다 사와 곧 계약을 갱신한다는 내용이 담겨 있었다. 개별 미팅을 통해 12월초 이전에 계약을 마무리하게 되면 연말 휴가시즌을 앞두고 팀원들의 에너지를 소모할 필요도 없을 것 같다고 이야기했다. 또한 자신이 예산을 확보했고, 상황을 봤을 때 계약이 용이하게 처리될 거라고 말했다.

이는 너무나도 기쁜 소식이었다. 몇 가지 이유에서 톰에게 특히 의미가 있었다. 첫째, 이는 고객사에서 자신의 팀에 대한 신뢰와, 란다 사에서 제공하는 서비스에 대한 신뢰를 한층 강화해준 것이다. 둘째, 대규모 계약의 성사로 톰 본인과 톰이 이끄는 전체 부서의 목표치 달성이 가능해진다. 셋째는 란다 사의 내부 시스템에 의한 것이다. 12월초 계약 체결은 영업부 전체 직원들의 숨통을 쥐고 있는 란다 사의 연말 성과지표에 부합할 수 있게 된다는 것을 의미했다.

란사 사 영업부 직원들을 떨쳐버릴 수 없는 근심 걱정 속에 몰아넣는 성과지표란 도대체 어떤 것일까? 란다 사 매출구조를 살펴볼 때, 대부분의 매출은 기존고객의 계약 갱신을 통해서 이루어지고 있었다. 재무부서에서 기존고객 데이터를 분석하는 과정에서 계약 갱신일자 이후에 체결된 계약 건의 경우, 일반적으로 계약규모가 현저히 감소한다는 사실을 파악했다. 회사 경영진은 영업부 직원들이 갱신일자 경과 전 계약을 완결하게 하는 장치를 마련하고자, 계약 갱신일자 관련 성과지표 개발을 통해 이를 이행하도록 했다. 목표 달성을 위해 영업부서 직원들은 갱신일자 이내에 이전 계약금액 대비 최소 105퍼센트 이상으로 계약 체결을 완료해야 했다. 이를 달성하지 못하면 성과금에 직접적 악영향이 미치는 구조였다.

이론상으로 적절해 보인다. 그러나 실제 현장과는 상당한 괴리가 있었다. 목표 달성을 못 할 경우 손해가 막심하기 때문에 영업직원들은 지표상 기한에 맞춰 계약을 마무리해서 성과지표상 목표치를 달성하고자 고객사와 협상 과정 중 어쩔 수 없이 가격을 낮추는 것으로 귀결되는 경우가 적지 않았다. 갱신일자와 관련된 손실을 방지하기 위한 지표가, 실제로는 갱신일이 도래하기 전부터 어쩔 수 없이 합당한 금액을 포기하게끔 유도하는 역할을 하는 것이었다. 상당수의 내부 지표들이 실상은 이와 별반 다르지 않았다. 이론적으로 이치에 맞아 보이는 기준이 현실에서 적용될 때는 전혀 의도치 않은 심각한 문제를 야기할 수 있는 것이다.

톰의 경우, 고객사 계약 갱신일자는 12월 31일이었다. 12월초, 톰과 줄리는 6,600만 달러(약 746억 원) 규모의 계약 갱신 작업을 이끌어냈다. 이 금액은 란다 사의 일반 서비스 공급 기준가에서 천만 달러가 인하된 것이었다. 톰은 이러한 가격할인이 줄리에게, 그리고 고객사에 도움이 된다고 생각했고, 란다 사에서도 사업적으로 합리적인 결정이라고 생각했다. 톰과 그의 팀원 모두는 성과지표상의 기한을 훨씬 앞당겨서 계약을 성사시켜 만료시점에 이르러 파생되는 압박에서 벗어날 수 있다는 점에 고무되었다.

그런데 문제가 발생했다. 줄리의 재무분석 담당 직원이 계약 내용의 수치를 분석한 후, 란다 사가 자기네들을 이용한 정황이 있다고 평가를 내린 것이다. 처음 이 말을 들었을 때 줄리는 그동안 톰과 그의 팀원들과의 경험을 되돌아보며 그럴 리가 없다고 반응했다. 그러나 그 직원의 주장은 단호했고, 결국 줄리는 란다 사가 자신의 신뢰를 저버렸다는 확신을 갖기에 이르렀다. 줄리는 배신감에 사로잡혔고, 톰과 그의 팀원들이 어떻게 그런 일을 했는지 알아내기 위해 상세내역을 들여다보았다.

란다 사의 자체 분석에서 고객사와 란다 사 모두 이번 계약을 통해 이익을 얻는다는 것을 보여주기 때문에, 톰은 줄리의 재무담당 직원의 분석에 문제가 있음을 확신했다. 그러나 이에 따른 계약 체결의 지연은 파장이 컸다. 란다 사의 내부 성과지표인, '12월 31일 이전 계약 갱신'이라는 목표 달성의 불확실성으로 인해 란다 사 본사와 지역본부 리더십 팀들의 우려가 증폭되었다. 그들은 고객사가 아닌 자신들을 걱정하기 시작했다. 톰은 12월말이라는 기한을 지키기 위해서 할 수 있는 일은 뭐든지 해야 한다는 압박감에 시달리고 있었다.

불안감이 가중되자 톰은 결국 두 손을 들었다. 자신과 자신의 팀의 성과지표 달성이 확정될 수 있도록 600만 달러(약 67억 원)를 추가 인하하여, 6,000만 달러로 최종계약을 마무리하는 것을 승인했다.

고객사에게 유리하다는 것에 이의를 제기할 사람은 없을 것이다. 그러나 추가적인 인하는 고객사의 이익을 위해 제공된 것이 아니다. 이는 톰과 줄리 팀 모두 아는 사실이다. 란다 사의 모든 조직과 개인들은 자신의 성과지표를 맞추는 데 집중하고 있었다. 줄리의 회사가 운 좋게도 이로 인한 재정적 이득을 얻게 된 것은 사실이지만, 란다 사가 내부지향적으로 초점을 둔 탓에 상호간의 관계를 기반으로 한 아웃워드 마인드셋 접근 방식이 단순한 거래 기반의 영업 방식으로 변질되고, 이로 인해 향후 란다 사가 줄리와 그녀의 팀에게 예전과 같이 도움을 주고 지원할 수 있는지에 대한 의구심이 생기게 될 것이었다.

그런데 상황은 더욱 악화되었다. 줄리에게 연락이 닿지 않았다. 계약서 서명 없이 며칠이 흘렀고, 톰은 줄리에게 연락을 취할 방도가 없었다. 줄리를 만나기 위해 모든 시도를 해보려고 개인적으로 그녀가 있는 도시로 비행기를 타고 가 만나기 위한 시도를 해보았지만, 전혀 소용이 없었다. 란다 사의 북미사업부문 리더십 팀은 패닉 상태가 되었다. 기한 내에 계약이 성사되지 않으면 전체 북미사업부서 성과목표 달성이 불가능했다. 앞으로의 커리어에도 위기가 될 수 있는 상황이었다.

12월 28일, 마침내 줄리가 톰에게 전화를 했다. 이처럼 큰 규모의 계약은 회사 사장의 최종승인이 필요하다는 것이었다. 그리고 줄리가 사장에게 계약 건을 승인받을 수 없는 상황임을 알게 되었다. (혹은 아마도 사장에게 무리하게 승인을 요청하고자 하는 의지를 상실한 것인지도 모른다.) 사장은 국외에 체류 중이었고, 1월 첫째 주나 둘째 주 이전에 계약서 서명이 어렵다는 사실을 알려왔다. 톰은 이렇게 말했다. "그건 안 될 거예요. 공급가 추가인하는 12월 31일까지 계약 체결이 완료된다는 조건 하에 가능했던 것입니다. 1월에 계약을 하게 되면 그 금액으로 계약이 체결될 수가 없을 거예요."

줄리가 말했다. "죄송합니다. 하지만 이게 제가 할 수 있는 최선이에요. 1월 외에 다른 대안은 없습니다."

톰은 실망했다. 특히 자기 자신에 대해 실망했다. 고객과 전혀 상관없는 내부 성과지표에 집착해서 고객과의 관계를 훼손시켰기 때문이다.

그들은 2주 후 6,000만 달러로 계약을 최종적으로 마무리했고, 내부 성과지표 수치를 맞추는 데는 실패했다. 결과적으로 북미사업부문은 당해연도 목표를 달성하지 못함에 따라 부정적 영향이 초래되었다. 게다가 유례없는 계약금액 인하에도 불구하고, 고객사는 영업총괄자인 톰을 담당에서 제외할 것을 요구했다. 톰이 빠지고, 란다 사는 고객사의 우선협상대상자 리스트에서 바로 추락하는 것이 재연되었다.

이미 과거의 일이지만, 지금도 그때의 경험을 전달해줄 때 그의 목소리에서 울려오는 괴로움을 인식하는 것은 어렵지 않다. 톰은 이렇게 말한다. "이러한 것들 모두는 충분히 제대로 관리하고 조정할 수 있었습니다. 총체적으로 피할 수 없다면 말이죠." 그는 말을 이어나갔다. "우리가 고객을 생각하고 고객의 성과지표에 보다 큰 관심을 기울이되, 우리 자신과 모든 일들을 꼬이게 만드는 내부지향적인 지표에 집착하지 않았다면 말입니다. 우리의 내부지향적 성과지표로 인해 회사 내부와 외부 모두 심각한 문제가 야기되었습니다. 외부적으로는 고객과의 관계가 엉망이 되었고, 회사 내부에서는 20여 명의 직원들이 계약 체결 과정의 문제를 보며 우리 조직에 대한 확신을 잃었습니다. 이들은 회사에서 전달하는 메시지를 들었습니다. '고객만 생각하라. 오직 고객만 생각하라.' 그리고 중요한 순간이 왔을 때 저를 포함한 회사의 리더십 팀이 오직 우리 자신만 생각하는 것을 보았습니다. 그때를 기점으로 수많은 직원들은 회사를 떠났습니다. 이곳에 더 이상 확신이 없었기 때문이죠."

과연 무엇이 문제였을까? 영업 실적을 관리하기 위해 란다의 리더십 팀에서 고안한 성과지표는 고객의 니즈와는 전혀 관련이 없었다. 결과적으로 성과지표를 맞추는 과정에서 영업직원들은 고객이 아닌 자신들에게 초점을 맞추게 되는 것이었다. 내부 성과지표에 집착하고 고객의 니즈에 초점을 두어 밸런스를 유지하는 노력없이 내부 성과지표에 집착하면서 인워드 마인드셋을 유도한 셈이다.

이 사례를 9장의 호프 어라이징과 비교해보자. 호프 어라이징은 그들이 내부 성과지표인, 깨끗한 물을 얼마나 제공하는지에 대한 수치를 통해서는 자신들이 지원하는 고객의 니즈를 충족시킬 수 없다는 사실을 알게 되었다. 자신들의 고객을 더 알고 싶다는 마음이 생기면서 고객이 깨끗한 물에 관심을 갖는 이유가 아이들이 학교에 갈 수 있도록 하는 데에 있음을 알게 되었다. 이에 따라 호프 어라이징은 성과지표를 학생들의 학교 등교일 수로 변경했다. 이들의 초점과 란다 사가 자신의 영업직원에게 자초한 초점의 대상은 명확히 다르다. 란다 사는 고객으로부터 획득한 매출액을 주요 기준으로 성공을 가늠한 반면, 호프 어라이징은 고객에게 미친 긍정적인 영향을 주된 기준으로 성공 여부를 평가한 것이다.

여러분은 둘 중 어떤 기업에서 일할 의향이 있는가?

그리고 어떤 기업의 고객이 되고 싶은가?

인워드 마인드셋으로 운영되는 조직의 리더들은 아웃워드 마인드셋으로 움직이는 조직을 보면서 혼란스러워 할 수 있다. 자신들이 대상으로 판단하고 대하는 직원들을 자율성을 기반으로 한 시스템이나 프로세스를 통해 관리하는 것이 무모하다고 볼 수도 있다.

아웃워드 마인드셋 접근이 경쟁우위 확보를 위한 핵심 이유 중

하나인 이유가 바로 여기에 있다. 아웃워드 마인드셋을 적용할 의지가 없는 사람들은 아웃워드 마인드셋을 기반으로 한 시스템, 프로세스, 접근 방법을 제대로 활용하기 힘들다. 반면 조직의 시스템과 프로세스를 아웃워드로 변환함으로써, 조직은 다른 차원의 성과를 얻고 이를 지속가능한 위치에 올려놓게 된다. 지금까지 앞에서 제시한 여러 사례들에서 이를 알 수 있다.

3장에서 보았듯이, 루이즈 프란체스코니와 경영진이 채택한 아웃워드 마인드셋 기반의 경영계획 프로세스로 인해 계획 수립에 소요되는 기간이 경쟁사 대비 큰 폭으로 감소했다. 7장의 CFS2 사의 사례에서도, 아웃워드 마인드셋 고객서비스 프로세스와 직원 성과급 체계는 업계 최고 수준의 수익율을 가능하게 했다. 8장에서 포드 사는 아웃워드 마인드셋 보고 방식을 내재화함으로써 세계적 금융위기 때 경쟁사들과 전혀 다른 방식으로 대응할 수 있는 기반을 갖출 수 있었다. 그리고 10장에서 터뷸러 스틸 사는 조직의 전 직원과 팀이 아웃워드 마인드셋으로 자신들의 역할과 책임을 다시 살펴보도록 조직적인 노력을 기울임으로써 업계 최고의 성과를 거둘 수 있게 되었다.

신규 채용과 온보딩 방식(onboarding approach, 조직 내 새로 합류한 사람이 빠르게 조직의 문화를 익히고 적응하도록 돕는 과정을 뜻하는 비즈니스 용어 _ 편집자주), 영업 마케팅 프로세스, 예산편성 과정, 성과급 체계, 성과관리 시스템, 그리고 모든 조직의 시스템, 운영, 프로세스가 인워드 마인드셋, 혹은 아웃워드 마인드셋 방식으로 구현될 수 있고, 또한, 그러한 방식으로 적용될 수 있다. 아웃워드 마인드셋으로 조직을 운영하는 것에 대해 진지하게 숙고하는 조직이라면, 아웃워드 마인드셋으로 일할 수 있도록 동기를 유발하고, 이를 강화할 수 있도록 조직의 내부 시스템과 프로세스를 아웃워드 방식으로 전환시켜야 한다.

Chapter 16

앞으로 가야 할 길

한 대규모 제조사 직원들과 함께한 아빈저 교육이 막바지에 다다랐을 때, 퍼실리테이터가 그곳에 모인 사람들에게 이렇게 설명했다. 한 사람이 아웃워드 마인드셋으로 변했다고 해서 다른 사람들도 그에 따라 똑같이 변하는 것은 아니며, 그들은 여전히 자신이 어떤 마인드셋을 가질지 선택해야 한다는 것이다.

참여자 중 한 명이 말했다. "저도 그 점은 이해하지만 저를 좋아해주는 사람들에게는 저도 다르게 반응하게 됩니다. 그냥 그렇게 됩니다. 그 사람들이 저에게 다른 식으로 반응하라고 하지 않지만 저도 모르게 그렇게 되는 것 같아요. 그들이 저를 생각해주는 마음 때문인지 저는 그 사람들에 대해 더 주의 깊게 생각하게 됩니다."

회의실에 앉은 사람들이 고개를 끄덕였다.

다른 사람이 또 말했다. "저도 같은 경험을 했습니다. 저는 한 사람이 마인드셋을 바꾸었을 때 결국에는 다른 사람들에게도 변화를 불러일으키고야 마는 것을 보며 놀란 적이 있습니다."

회의실 뒤쪽에 앉아 있던 한 남자가 다소 굳은 얼굴로 반대 의견을 말했다. "저는 이 모든 것에 동의하지 않습니다." 목소리가 높아졌다. "저는 지금까지 거의 늘 아웃워드 마인드셋을 가졌는데 그게 실상 하나도 중요치 않던데요?" 이렇게 말하는 그의 얼굴은 울그락 불그락 상기됐고, 일부 참여자들은 그의 이런 명백하게 모순적인 반응에 웃음을 보이기도 했다.

이때, 회의실 뒤쪽에 있던 한 여성이 손을 들었다. 교육 내내 한 번도 말한 적이 없는 사람이었다. "이야기 하나를 말씀드려도 될까요?" 그녀가 물었다.

"물론이죠. 말씀해주세요." 퍼실리테이터가 대답했다.

"수년 전 제 오빠는 끔찍한 범죄를 저질렀습니다. 그 결과 우리 가족은 수개월 동안 신문의 첫 페이지를 장식했죠. 이 시련은 우리 가족의 평판을 무너뜨렸고 모든 것을 갈기갈기 찢어버렸습니다. 우리 가족이 느꼈던 혼란과 고통은 이루 설명할 수가 없습니다. 그 사건은 우리 가족을 비탄에 빠뜨렸습니다. 우리 가족은 수치로부터 벗어나 새로운 삶을 살아보려고 한 사람씩 그 동네를 떠났습니다. 몇 년이 지나면서 우리는 정기적으로 며칠씩 함께 모여 가족의 유대감을 지속시키려고 했는데, 어쩌면 오빠를 우리 가족의 정체성으로부터 영원히 내쫓아버리고자 하는 집단적인 행동을 통해서 우리가 새로운 가족사를 꾸며간 것일지도 모릅니다.

수십 년 후, 오빠는 마침내 교도소에서 풀려났습니다. 이 시간은 우리 가족의 의식 속에서 오빠를 완전히 지워버리기에 거의 충분한 시간이었습니다. 하지만 갑자기 오빠가 돌아온 것입니다. 그후 우리는 예정된 대로 가족 모임을 가졌죠. 그런데 오빠가 나타났습니다. 우리는 오빠랑 사소한 이야기를 나누었지만 모든 단어마다 긴장감과 불편함이 실려 있었습니다. 당연히 아무렇지도 않을 수 없었죠. 여전히 우리를 망가뜨렸다고 생각되는 사람이 여기 있는데 말이에요."

그녀는 잠시 숨을 고른 후 이야기를 이어갔다. "그날 점심시간 무렵, 오빠는 사라졌습니다. 그날 저녁이 되자, 우리는 오빠가 돌아오지 않을 거라 생각했습니다. 솔직히 말하면 우리는 안도했습니다. 누구도 억지로 대화를 해야 할 필요가 없어졌습니다. 우리는 그저 편안하게 서로 즐거운 시간을 가지면 됐습니다. 우리가 되고 싶은 이상적인 가족으로 다시 돌아갈 수 있었습니다.

하지만 해가 질 무렵, 한 가지 깨달음이 제게 일어났습니다. 저는 오빠를 또 잃어버릴 수도 있겠다는 생각이 들었습니다. 이번에는 영원히 말이죠. 그 순간 저는 그 일이 일어나도록 해서는 안 된다는 것을 그냥 알았습니다. 저의 힘든 감정 같은 것들이 이제 없어졌다는 것은 아닙니다. 나머지 가족들과 마찬가지로 저는 갈등하고 있었습니다. 오빠를 이대로 보낼 수는 없다는 것을 그냥 알았다는 뜻입니다. 그 순간 저는 오빠에게 매달 편지를 보내고 가족과의 연결고리를 이어 나가겠다고 결심했습니다. 이것은 작은 일이었지만 내가 할 수 있는 일이었습니다.

7년 전부터 지금까지 매달 오빠에게 편지를 보냈습니다. 그리고 어떤 일이 일어났을까요? 아직도 오빠에게 아무 소식도 듣지 못했습니다."

회의실에 있는 사람들이 놀라는 소리가 들렸다. "하지만 그것은 괜찮습니다. 왜냐하면 저를 위해 하는 일이 아니고, 오빠를 위해 하는 일이거든요."

이 이야기는 아웃워드 마인드셋을 지속하고자 하는 사람들에게는 아주 중요한 교훈을 남겨준다. 어떤 경우에는 아웃워드 마인드셋을 갖기 쉽다. 서로를 챙겨주는 사람들 사이에 있을 수도 있고, 아웃워드 마인드셋으로 대하는 것이 완전히 자연스럽고 편안할 수도 있다.

예를 들어 우리가 일하는 회사에는 활기차고 서로 도움을 주려는 사람들이 많다. 아니면 다행스럽게도 우리 가족들은 친절하고 너그러운 사람들이다. 이런 경우에는 아웃워드 마인드셋을 유지하기가 상대적으로 쉽다. 왜 그럴까? 우리를 향해 아웃워드 마인드셋을 가진 사람들과 함께 있으면 우리는 관심 받고 있고 배려 받고 있다고 느끼기 때문에 그들에게 방어적인 태도를 가질 필요를 느끼지 못한다. 거의 어려움 없이 우리는 상대방에게도 자연스럽게 관심을 보이게 된다. 9장에서 인용한 브렌다 율랜드는 우리가 그런 사람들 앞에 서면 마음을 열게 된다고 했다. 한 사람이 아웃워드 마인드셋을 가지면 다른 사람들도 같은 마음을 가지게 만든다.

불행하게도 이같은 원칙은 반대의 상황에서도 마찬가지다. 인워드 마인드셋으로 생각하는 사람들과 소통하면 우리는 그들이 우리의 생각과 의견을 별로 중요하게 여기지 않는다고 느끼게 되고, 우리 또한 그들에게 방어적인 태도를 취하거나 뒤로 물러나는 자세를 가질 수밖에 없게 된다. 만약 그렇다면 그들이 우리에게 보여주는 태도 그대로 우리는 그들에게 되돌려주는 것이고, 10장에서 신용거래부와 영업부가 겪은 것처럼 인워드 마인드셋 갈등에 휘말리게 될 것이다. 이런 갈등은 몇 분간 지속될 수도 있고, 하루 동안 지속될 수도 있고, 아니면 평생 지속될 수도 있다.

물론 한 사람의 인워드 마인드셋이 반드시 상대방이 인워드 마인드셋으로 반응하도록 '유발'하지는 않지만, 그렇게 반응하도록 '이끄는 것'은 사실이다. 우리가 도전해야 할 것은 인워드 마인드셋으로 이끄는 사람과 일하거나 지낼 때 어떻게 아웃워드 마인드셋으로 반응해야 할 것인가이다.

1장에서 등장한 마크 발리프가 성공적인 경영자가 되기 훨씬 전,

대학을 졸업하고 첫 번째 직장의 신입사원으로 일할 때 상사와 갈등한 적이 있었다. 그는 졸업하면서 자신이 보탬이 될 수 있는 일이 아주 많을 것이라 느끼며, 신생 회사에서 일해보기로 선택했다. 그는 회사의 사명에 대해 아주 신뢰를 느꼈다. 그 회사의 첫 신입사원들 중 한 사람으로서, 이 회사가 이상적인 회사로 성장하는 데 자신이 도움이 될 거라는 생각에 흥분되었다.

하지만 그렇게 직장생활을 한 지 몇 달이 지나고 시간이 흘러 2년차에 접어들면서 마크는 점점 더 환멸을 느끼게 됐다. 2년이 다 되자, 마크는 입사 첫날보다 자기의 책임이 늘어나지 않았다는 느낌이 들었다. 이것은 바로, 상사가 마크에게 더이상 기대하는 바가 없음을 의미하는 것과 같았다.

마크는 상사로부터 제지당하고 감시 받는 듯하며 인정 받지 못하는 느낌을 받았다. 자기 재능을 발휘하지 못하게 매일 방해받고 괴롭힘을 당한다고 느껴졌다. 처음에는 좌절했지만 점점 분노했다. 마크가 그렸던 미래가 영원히 멀어지는 것 같았다. 그는 이력서를 여기저기 보내기 시작했다.

마크가 회사에서 나가려고 준비하는 중에 직속 상사의 보스가 그를 만나고 싶다고 했다. 그는 마크가 멘토로 여기던 분이었다. 드디어 수개월 간의 불명예가 씻기는 것 같았다. '그 분은 내가 여기에서 얼마나 열심히 일했는지 알아보신 거야. 내 상사 같은 사람 밑에서 일하는 것이 얼마나 힘든지 아시고 잘못된 것을 고쳐주려 하시는 거야. 나를 위로해주고 내가 잘 하고 있다고 말씀해주시려고. 이 회사에서 내가 성장할 수 있는 길을 제시해주실 거야.' 마크는 이렇게 생각했다. 그는 희망을 안고 면담을 시작했다.

하지만 마크가 자리에 앉자, 그의 멘토는 이렇게 말했다. "마크, 자네기 좀 더 열심히 일해주있으면 좋겠네."

그 순간 마크는 얼어붙었다. 너무나도 의외의 반응에 아무 말도 할 수 없었다. 최선을 다해 일하지 않는 이유는 바로 자신 때문이라는 것을 깨닫게 하기 위한 멘토의 이야기가 이어졌고, 마크는 묵묵히 듣고 있었다.

마크는 이유를 대보려고 하기도 했지만, 대화를 지속하면서 어떤 부분에서 자기가 다시 생각해봐야 한다는 것을 충분히 깨닫게 되었다. 퇴근하고 집에 돌아왔지만 잠을 잘 수 없었다.

침대에 누워 마크는 지난 수년간 있었던 많은 일들을 다시 생각해봤다. 처음에 이 기억들을 떠올리자 분노가 치밀었다. 하지만 그의 멘토가 말해준 것을 다시 생각하면서, 전에는 간과했던 진실들을 보기 시작했다. 그는 자기가 상사를 회피하고 그녀가 시킨 일을 공개적으로 비판했던 일을 보게 됐다. 자신이 새 일을 맡거나 나서야 할 일을 하기 싫어했던 것을 깨달았다. 얼굴을 찡그리고 불평하며 보류하고 회피하려 했던 자신의 모습을 보게 됐다.

밤새도록 마크는 상사에 대해 마음속으로 늘 생각했던 것에 대해 스스로에게 질문하기 시작했다. '내가 항상 주장했던 것처럼 이 상사가 분명 악한 사람이라면 왜 내가 그것을 또 확인하려고 이렇게 많은 내적 에너지를 소비해야 하는가?' 이렇게 생각하자 이 생각 자체가 상사를 대하고 소통하는 방식에 영향을 끼친다는 것을 깨달았다. '만약 내가 스스로에게 하는 말이 사실이 아니라면?' 하고 생각했다. 이 질문을 하자 침대에서 곧 일어날 힘이 생겼다.

메모장을 집어 들고 종이 한가운데에 선을 하나 그어 내렸다. 선 왼쪽에 그가 상사에게 도움이 되지 않았던 방식에 대해 써 내려갔다. 상사에게 잘못 대한 일, 자신의 실수를 그녀에게 덮어씌우려고 했던 일을 적었다. 그러고 나서 오른쪽에는 상사에게 도움을 주기 위해 할 수 있는 일을 떠오르는 대로 적었다. 그러자 한 장을 가득 채우고 다음 장도 가득 채웠다. 한 장씩 넘어가면서 그는 자신을 채우고 있던 족쇄가 끊어지는 느낌을 받았다. 자기 머릿속에서 떠오르는 생각들을 바라보면서 마크는 자기를 방해하고 있던 근본적인 이유가 자기 자신이라는 것을 깨달았다. 그것을 깨닫자 그는 자유를 느꼈다. 새로운 가능성의 세계가 마음속에 빛나기 시작했다.

다음 날 출근 후, 마크는 종이에 적은 일들을 실행하기 시작했다. 그렇게 하자 그의 직속 상사의 상사가 자신에게 한 말이 사실이라는 것을 깨달았다. 회사가 마크에게 기대하는 것이 더 많을 뿐 아니라 그는 훨씬 더 많은 일을 할 수 있다는 것이었다. 자기가 희생자라고 생각했지만 이제는 그렇지 않았다. 그의 상사가 여전히 가끔 힘들게 할까? 그렇다. 여전히 상사가 가혹하게 느껴질까? 역시 그렇다. 그러나 한편 노력하지 않는 것을 정당화하는 자신의 모습 또한 깨달았다. 그가 직면한 어려움이 사실이기는 했지만, 대부분 자신이 스스로를 제한하고 있었다. 그는 얼마든지 더 잘할 수 있는 자유가 있었다.

마크는 이를 자신의 직장생활에서 일생일대의 경험이라고 말하곤 한다. 만약 그 멘토가 마크에게 관심을 갖고 믿어주지 않았다면, 그리고 회사에서 자신의 성과를 솔직히 알려주고 더 잘 할 수 있도록 격려하지 않았다면 오늘날 마크는 지금 이 자리에 있지 못했을 것이다.

자신의 책임감에 대한 새로워진 관점을 갖게 되자, 마크는 일취월장으로 성장했다. 더 큰 책임을 맡게 되고 성과를 내며 능력이 향상됐다. 불과 1년 사이 그는 크게 성장했고, 고객사인 한 의료회사와 사업 기회가 생겼을 때, 이를 포착할 준비가 되어 있었다. 그는 고객사와 일하면서 얻은 경험을 통해 의료산업 분야에 대해 충분히 이해하게 됐고, 마침내 그는 자신의 회사를 공동창업하여 수백만 명의 사람들의 삶을 풍요롭게 하는 일을 하게 됐다.

마크의 이야기에서 나타난 핵심적인 질문을 생각해보자.
'내가 더 도움이 되기 위해 무엇을 해야 할까?'
직장에서 내가 더 도움이 되기 위해 무엇을 할 수 있을까? 집에서 내가 더 도움이 되기 위해 무엇을 할 수 있을까? 내가 아는 사람과 알지 못하는 사람들에게 더 도움이 되기 위해 무엇을 할 수 있을까? 내가 무엇을 할 수 있을까? 내가 할 수 있는 것을 해낼 수 있는 것처럼 다른 사람들도 그렇게 바라볼 것인가?

아웃워드 마인드셋을 갖고 있는지의 여부는 자기 삶의 각 분야에 대해 이러한 질문들을 솔직하게 던지고 응답하려는 의지로 나타난다. 그 질문에 응답하는 것이 상당한 노력을 요할 수 있음에도 불구하고 기꺼이 응답하려는 마음가짐이 중요한 것이다. 아기 분유를 타던 휴스와 경찰특공대 이야기, 포드 사를 구한 앨런 멀랠리 이야기, 자신의 오빠가 교도소에서 풀려난 후 계속해서 그에게 연락을 취하고자 했던 여성의 이야기 등, 이 책에서 함께 나눈 이야기들을 생각해보면 당신은 그 속에서 이 질문의 힘을 확인할 수 있을 것이다.

우리가 논의해본 것을 돌이켜보자. 어떤 일을 하든지, 인워드 마인드셋으로 할 수도 있고, 아웃워드 마인드셋으로 할 수도 있다. 어떤 방식으로 일하느냐에 따라 커다란 차이가 생긴다.

- 그렇기 때문에 사고방식, 즉 '마인드셋'으로 시작하라. 아웃워드 마인드셋 패턴을 적용하라 : SAM – 다른 사람을 바라본다. 업무를 조정한다. 효과를 측정한다.(8, 9, 11장)
- 다른 사람이 변하기를 기다리지 말라. 가장 중요한 변화는 상대방이 마음을 움직이는 것과 상관없이 당신의 마음을 바꾸는 것이

다.(10장)

- 공동의 목표를 달성하기 위해 당신과 팀과 조직의 자원을 결집시켜라.(12장)
- 사람들이 충분히 책임감을 갖도록 하라. 당신부터 시작해야 한다. 당신의 일, 즉 당신의 계획, 조치, 영향에 대한 책임감을 가지고, 다른 사람들도 그들의 책임감을 가질 수 있도록 하라.(13장)
- 당신과 다른 사람 사이에 거리를 만드는 불필요한 구분을 없애라.(14장)
- 당신의 권한이 닿는 데까지, 시스템과 프로세스를 외부지향적으로 바꿀 수 있도록 다시 생각해보고, 대상을 관리하는 방식이 아닌 사람들에게 활력을 불러일으키는 방식으로 조직적인 생태시스템을 만들어보라.(15장)

이 책이 당신에게, 마크 발리프가 그의 멘토에게서 받은 서비스와 같은 역할을 해주길 바란다. 이 책을 읽으면서 자신의 일에 대해서 (한 가지라도 좋다), '내가 예전보다 더 잘 할 수 있다'고 생각한다면, 이 책은 충분히 가치가 있을 것이다.

그렇다면 당신은 무엇을 바라보고 생각했는가? 더 중요한 것은, '이제 무엇을 할 것인가?'이다.

이 책에 쏟아진 찬사

"효과적인 리더십 개발과 고(高) 성과 기업 문화로의 혁신은 새로운 마인드셋에서 출발한다. '아웃워드 마인드셋'은 급변하는 산업 환경에서 조직 플랫폼을 혁신하는 데 강력한 솔루션을 제공하고 집중력 있고 응집력 있는 자율경영 시스템을 가속화시켜줄 수 있다. 이 책을 추천한다."

– 이현봉(서울대 국제대학원 초빙교수, 전 삼성전자 CEO)

"최고로 발휘되는 절차의 공정성은 상대방을 존중하는 것이다. 빅토리아 프랫 판사는 '사람들은 자신들이 공평하게 대접받고 품위 있게 존중받는다고, 즉 절차적 공정성을 느끼면, 법을 따른다.'고 했는데, '아웃워드 마인드셋'은 그러한 솔루션을 제공해주고 있다. 이 원리는 개인과 조직, 그리고 사회 갈등 해결에 좋은 도구가 될 것 같다."

– 구인회(전 법원공무원교육원장, 차관급)

"이 책은 새로운 접근 방식과 실질적인 툴을 제시하고, 이를 통해 개인 스스로가 적극적 시도를 하게 하는 강력한 힘이 있다. 대화하는 법, 반응하는 법, 행동하는 법이 단번에 좋아지고 긍정적 효과에 놀라게 된다."

– 게리 M. 라이딩(수석부사장, Samsung Electronics America)

"《아웃워드 마인드셋》은 개인과 조직의 마인드셋을 '어떻게' 바꿀 수 있는지에 대한 방법론을 알려주는 책이다. 단순히 방법의 변화만을 알려주는 것이 아니라 결과의 차이를 만들어내는 방법을 알려줌으로써 변화의 핵심에 접근하도록 돕는다. 성과를 고민하는 조직의 리더뿐 아니라 변화를 갈망하는 개인에게 샘물 같은 책이다."

– 남재봉(LS그룹 인재육성부문장, LS미래원 원장)

"어느 조직이나 지속적인 성장의 핵심은 조직을 구성하는 사람에 달려 있다. 개개인의 성장은 조직의 성장을 가능케 하고, 이를 위한 리더의 역할은 매우 중요하다. 마인드셋의 변화를 통해 행동의 변화를 이끌어내는 '아웃워드 마인드셋'은 바람직한 리더십을 향한 열쇠를 제공해준다."

— 김장환(대표이사, 한국암웨이)

"'혁신'에 관한 가장 '혁신적인' 책이다. 많은 사람들이 행동을 바꿔야 한다고 말하지만, 행동을 바꾸기 위해서는 마인드셋을 전환하는 것이 먼저라는 가장 기본적이면서도 핵심적인 방향을 제시해준다. 소통과 협업을 통해 창조적인 조직으로 전환하고 성과를 근본적으로 개선하려면, 무엇보다 '아웃워드 마인드셋'을 먼저 가져야 한다. 이 책을 적극 추천한다."

— 이철웅(상무, 삼성물산 인사팀장)

"자신의 성공을 위해 다른 사람의 목표와 어려움, 필요를 봐야 한다는 시각은 혁신적이다. 수십 년의 연구결과와 다양하고 검증된 사례로 '아웃워드 마인드셋'의 가치를 보여주는 이 책은, 혁신과 성과를 고민하는 리더가 먼저 읽고 행동으로 옮겨야 할 내용들로 가득하다."

— 이진숙(상무, 동아오츠카 마케팅본부)

"개인이나 조직이 혁신하려는 시도들은 자주 실패로 끝난다. 목표를 설정해놓고 행동에 변화를 주는 방식으로의 혁신은 단기간의 성과는 얻을 수 있을지 모르지만, 지속적인 성공에 이르기는 어렵다. 하지만 '마인드셋'을 전환하면, 행동의 변화는 자연스럽게 따라오게 된다. 《아웃워드 마인드셋》은 리더와 조직 구성원들의 바람직한 마인드셋 개발 방법을 명확하고 쉽게 보여주는 책이다."

— 표지영(국제 비즈니스 코치, 전 LG전자 글로벌마케팅 팀장)

"조직에서 발생되는 많은 대인관계 문제들은 결국은 서로를 바라보는 관점, 즉 마인드셋에서 근본적인 원인을 찾을 수 있다. 개인의 리더십을 개발하는 것에서부터 기업의 조직문화를 혁신하는 장기적인 과업을 달성하는 가장 효과적인 방법은, 조직 내 '아웃워드 마인드셋'의 확산이며 정착이다. 리더십 개발 및 조직문화 변혁을 고민하는 담당자들 반드시 읽어보아야 할 책이다."

— 오승민(조직문화변혁팀장, LG화학)

"끊임없는 발전과 팀워크, 세계 최고 수준의 성과를 지향하는 조직이라면, '아웃워드 마인드셋' 원칙을 적용함으로써 괄목할만한 성과를 얻어낼 수 있다. 더불어, 개인적인 관계에서도 긍정적인 변화를 가져온다."

— 밥 밀러(글로벌기업고객부문장, IBM)

"《아웃워드 마인드셋》으로 다른 사람들을 지원해주는 리더들은 모두 다 같이 성공할 수 있는 협업의 문화를 만들고자 한다. 이 책을 통해 서번트 리더에게 필요한 사고방식을 배울 수 있다."

– 켄 블랜차드(《칭찬은 고래도 춤추게 한다》 외 다수의 책 저자)

"《아웃워드 마인드셋》은 읽기 쉽고 흥미롭게 구성되어 독자가 자신도 모르는 사이 빠져들게 되는 책이다. 공감가는 스토리와 함께 명확하고 설득력 있는 실질적 내용을 담고 있다. 아빈저연구소의 이전 연구와 저서처럼, 이 책은 근원적인 내용을 다루고 있으며 개인, 그리고 조직의 변혁을 이루도록 해준다."

– 제프 커(부사장, U.S. Bank)

"매우 중요한 주제를 탁월한 글과 명확하고 설득력 있는 사고 체계로 풀어냈다. 개인, 조직, 가족 모두에게 도움이 되는 책이다." – 로버트 데인스(상법 교수, Stanford Law School)

"《아웃워드 마인드셋》은 진정성 있고 매력적인 스토리로 구성되어 있어 단숨에 읽을 수 있다. 타인이 무엇을 필요로 하는지를 배려하는 것이 옳은 일일뿐 아니라 비즈니스에도 유익함을 보여주는 실질적인 사례들을 담고 있다."

– 벤자민 카쉬(부사장 & 마케팅본부장, Revlon)

"《아웃워드 마인드셋》은 생각을 일깨우고 판을 바꾸는 책이다. 실생활에서 발생하는 생생한 사례를 통해서 일하는 방식을 개선하기 위해 우리가 어떻게 해야 하는지를 분명하고 설득력 있게 보여준다."

– 지니 맥칼디(대표이사, ASICS America)

"《아웃워드 마인드셋》은 탁월한 결과를 얻고자 하는 팀이라면 어떤 방식으로 공동의 목표를 향해 일해야 하는지를 여실히 보여준다. 이 책을 통해 내가 배운 원칙과 틀을 제대로 이해하고 적용하는 일이 쉽지 않았으나, 결과적으로 즉각적이며 실질적인 효과를 거둘 수 있었다."

– 댄 쉬모프(부사장, McGraw-Hill Education)

"조직 구성원들의 삶과 그들의 성과에서 과연 어떻게 하면 변화를 만들어낼 것인가를 고민하는 사람이라면 반드시 읽어야 할 책이다. 회사, 커뮤니티, 가족관계에서 부딪히는 문제들에 접근하는 방식을 바꿔줄 것이다." – 엘리자베스 홀(전 인사부분 부사장, Cricket Communications)

"《아웃워드 마인드셋》은 조직문화 개선과 변화관리에 대한 기존의 접근 방식의 판을 완전히 바꾸는 책이다. 절대 놓쳐서는 안 되는 중요한 책이다."

– 로베르토 산체스 로메로(문화가치부문 글로벌본부장, Everis)

"'아웃워드 마인드셋'은 개인의 잠재력과 가능성을 이끌어내는 데 필수적인 것으로, 기업이 한정된 자원으로 수익을 유지하고 확대할 수 있도록 도와준다."
– 반 제크(전 채무국장, 미국 재무부)

"《아웃워드 마인드셋》은 실질적인 사례를 통해 개인과 조직이 자신을 넘어 타인이 무엇을 필요로 하는지를 바라볼 때 어떻게 변혁이 일어나는지를 보여준다. 이 개념은 업종, 조직 규모에 관계없이 혁신적인 의의를 가진다."
– 데이브 프리드만(수석 임원, Citrix)

"이 책은 '아웃워드 마인드셋'을 통해 가정생활과 직장생활이 어떻게 개선될 수 있는지 생생하게 보여주는 책이다. 나 자신이 변화할 수 있다는 자신감이 생겼으며, 보다 나은 사람이 되고자 하는 동기를 불러일으켰다."
– 라드 라슨(대표이사, Spandex)

"《아웃워드 마인드셋》은 모두가 이해하기 쉬운 기본적인 가이드북이라고 할 수 있다. 최고경영자와 임원을 비롯한 리더들에게 가장 중요한 임무는 '아웃워드 마인드셋' 방식을 자신에게 내재화하고 다른 직원들이 모두 동참할 수 있도록 지원하는 일이다."
– 앨리스테어 캐머런(대표이사, ASICS EMEA)

"조직의 변화를 지속적으로 유지할 수 있게 하는 흥미롭고 매력적인 접근 방식이다. 이런 방식은 외교 영역에서도 활용될 수 있을 것 같다. '아웃워드 마인드셋'을 가진 조직이나 리더가 승자가 되기 마련이다."
– 임마누엘 쉐이프(대표이사, Technology Asia Consulting)

"이 책은 내가 이전에 전혀 생각하지 못한 방식으로 조직 행동에 대한 중요한 이슈를 제기한다. 타인의 목표 달성에 자신이 어떻게 하면 도움을 줄 수 있는지에 초점을 맞춤으로써 경이로운 성과를 이뤄낸 사람들의 이야기에서 나도 그들처럼 되고 싶다는 열망을 느꼈다."
– 린제이 헤들리(책임프로듀서, 2012/2013 Global Citizen Festival)

Notes

1. Nate Boaz and Erica Ariel Fox, "Change leader, Change Thyself", 〈McKinsey Quarterly〉, March 2014.

2. Joanna Barsh and Johanne Lavoie, "Lead at Your Best", 〈McKinsey Quarterly〉, April 2014.

3. For a detailed exploration into the subject of justification and how the need for it arises, see one or both of our earlier books, 《Leadership and Self-Deception》 and 《The Anatomy of Peace》.

4. Sarah Green Carmichael, "The Debt Collection Agency that Helps You Get a Job", 〈Harvard Business Review〉, August 16, 2013.

5. Ibid.

6. Ibid.

7. Scott Davis, "Gregg Popovich Broke Down What He Looks for in Players, and It was an Inspiring Life Lesson", 〈Business Insider〉, February

22, 2016.

8. Michael Lee Stallard, "NBA's Spurs Culture Creates Competitive Advantage", 〈FOX Business〉, February 25, 2015.

9. Ibid.

10. Ibid.

11. If you want to learn more about Alan Mulally and what he and his team did to save Ford, we highly recommend Bryce G. Hoffman's excellent book, 《American Icon: Alan Mulally and the Fight to Save Ford Motor Company》 (Crown Business, 2012).

12. Hoffman, 《American Icon》, page. 109.

13. Ibid., pp. 106–107.

14. Ibid., p. 111.

15. Ibid., p. 122.

16. Ibid., p.125.

17. Brenda Ueland, 《Strengths for Your Sword Arm》 (Holy Cow!Press, 1996), page 205.

18. Ibid., p. 206.

19. Hoffman, 《American Icon》, page 71.

20. Hannah Arendt, 《The Human Condition》, 2nd ed. (The University of Chicago Press, 1998).

21. Richard Sheridan, 《Joy, Inc.》 (Portfolio/Penguin 2013), page 42.

Chapter 9

Chapter 10

Chapter 11

Chapter 12

Chapter 13

Chapter 14

Chapter 15

Chapter 16

아빈저연구소는 인간과학과 사회과학을 중심으로 사람, 변화, 성
과 문제에 관한 솔루션 개발을 위해 철학, 심리학, 교육학, 언어학,
법학, 경제학, 경영학 등 다양한 분야의 전공자들이 포진되어 있
는 세계적인 학술협회이다. 또한 컨설팅, 코칭, 교육 훈련 및 디지
털 도구를 제공하여 개인 및 조직의 혁신을 위해 사고방식을 바꾸
고, 조직문화를 변화시키며, 협업을 가속화하고, 갈등을 해결하고,
성과를 지속적으로 개선할 수 있도록 지원하고 있다. 현재 한국, 미
국, 중국, 일본, 싱가포르, 인도, 아시아, 아메리카, 유럽, 중동, 아
프리카, 오세아니아 등 약 30여 개 국가에서 활동하는 글로벌 조직
이다.

아빈저연구소는 지난 40년간 세계적인 학자들의 공동 연구를 통해 리더십에서 독창적인 아이디어를 제공하였다. 첫 번째 발간한 책은 《상자 밖에 있는 사람Leadership & Self-Deception》이며, 두 번째 책은 개인의 성장과 갈등 해결에 관한 독창적인 접근법을 제시하는 《나를 자유롭게 하는 관계The Anatomy of Peace》이다. 그리고 세 번째 책 《아웃워드 마인드셋The Outward Mindset》은 조직에 관한 책이다. 아빈저연구소의 요란하지 않지만 강력한 메시지는, 현재 사고방식의 변화, 리더십, 팀 빌딩, 갈등 해결, 위기관리 그리고 조직문화 변화에 대한 그 효과성 측면에서 전 세계적으로 강력한 지지와 인정을 받고 있다.

한국에서는 자기 기만과 리더십 효과성에 대해 세계 최초로 실증 연구를 진행하였으며, 지속적으로 근거 기반의 리더십과 조직문화 개선의 방법을 명확하게 제시하고 있다.

www.arbinger.com

www.kcleaders.com

amcp.skku.edu

(한국 대표 02-782-5571 / 이메일 arbinger7@gmail.com)